从“小磨蹭”变为时间的主人

# 儿童时间管理手册

## 让孩子学会合理安排时间

爱华文 著

中国华侨出版社
北京

**图书在版编目(CIP)数据**

儿童时间管理手册 ：让孩子学会合理安排时间 / 爱华文著. -- 北京 ：中国华侨出版社，2021.3
ISBN 978-7-5113-8108-8

Ⅰ. ①儿… Ⅱ. ①爱… Ⅲ. ①时间-管理-儿童读物 Ⅳ. ①C935-49

中国版本图书馆CIP数据核字(2019)第284298号

**儿童时间管理手册：让孩子学会合理安排时间**

著　　者/爱华文
责任编辑/姜薇薇 桑梦楠
装帧设计/林世博
经　　销/新华书店
开　　本/889毫米×1194毫米 1/32 印张/8.5 字数/163千字
印　　刷/天宇万达印刷有限公司
版　　次/2021年3月第1版 2021年3月第1次印刷
书　　号/ISBN 978-7-5113-8108-8
定　　价/42.00元

中国华侨出版社 北京市朝阳区西坝河东里77号楼底商5号
邮　编：100028
法律顾问：陈鹰律师事务所
发行部：(010) 64443051　　传　真：(010) 64439708
网　址：www.oveaschin.com　　E-mail：oveaschin@sina.com

# 前 言

什么是时间呢？古往今来，人们一直都在寻找这个问题的答案。数学家、物理学家、哲学家等一直都没有停止过对这个问题的探讨。在伽利略的伟大发现之后，牛顿把时间最终定义为数学上的量。但是，这位伟大的英国科学家认为，时间是一个被神秘气息所覆盖着的客体，因为时间独立于任何物体，在一切之上，是绝对的。时间与圣人是如此接近，以至于上帝被比为一座钟；爱因斯坦认为，时间一点儿也不像大自然里的一条“自由自在的狗”，而是一个实实在在的尺度。即使是今天，我们还是无法像定义任何一个实际的事物那样给时间下一个定义。

我们通过滴漏、钟表、日历等“有形的载体”度量时间，把“时间”挂在墙上或戴在手腕上。

当一个孩子问我们什么是时间时，我们无法深入地与他探讨那些抽象的概念，只好拿起手表给他看：“你看，虽然时间是看不到、摸不着的东西，但我们可以通过这块表去感受它。时间逝去了就再也回不来了，所以你要珍惜时间。”

等他长大后，就会慢慢明白“时间是什么”。时间除了是一个深奥的哲学问题，还是“成功学”上的一个问题，因为那些有所成就的人毫无例外都是善于管理时间的人。

关于珍惜时间、刻苦用功的故事，相信每位家长都能略举一二，比如，头悬梁、锥刺股的故事；闻鸡起舞的故事；车胤囊萤的故事……

“光景不待人，须臾发成丝。”不由分说，只有管理好自己的时间，才能管理好自己的人生！

这时有的家长可能会问：“孩子还没上小学，教他时间管理会不会太早？”

我们发现，实际上如果一个孩子从小没有时间观念，事事需要家长来提醒、催促，那么当他上了小学以后，面对繁重的学习压力、课业负担，他会暴露出越来越多的问题。要想让孩子学会时间管理，就应该把时间管理权交给孩子。我们常说，要陪孩子慢慢长大。其实，陪他长大不如陪他一起做“时间的主人”。那么，如何才能教会孩子时间管理呢？本书从以下几个方面指导家长对孩子进行时间管理的教育。

## 一、认识时间

时间管理的教育应该从让孩子认识时间开始。只有对时间有了认识，知道它是什么，才能管理好它。

## 二、感知时间

要想在有限的时间里让孩子有所为，必须让孩子明白每个人的时间都是均等的，关键在于我们如何去利用它。

## 三、安排时间

家长应该教会孩子如何分清事情的轻重缓急、如何统筹安排、如何事后总结修改，以及遇到不喜欢但必做的事情的意义等。

归根结底，时间管理的关键词不是效率，而是憧憬、向往、期盼、目标。发现、培养、引导孩子对事物的兴趣，才是时间管理训练的核心。

希望大、小读者们都能从中受到启发和教益！

# 目 录

Chapter 7

## 拥有持续自我管理时间的能力，才能使孩子受益终身

# Chapter 1

## 父母与孩子到底是什么样的关系？
## 如何处理好亲子关系？

# 作为父母，你真的了解自己的孩子吗？

## 孩子不是你的橡皮泥

每个孩子都是父母的心头肉，都被百般呵护着。从一个小生命来到这个万千世界的那一刻起，就被父母饱含深情的目光注视着，他们想把这个世间自己所能给予的、最好的事物都馈赠给眼前的这个小生命，也包括他们眼中“孩子该有的最好的人生”。

于是有些家长开始过早地替孩子规划未来，想要把孩子塑造成自己期望中的样子。这就像我们捏一块橡皮泥，捏来捏去捏成自己想要的模样。可是，我们不能忽略了**孩子不是橡皮泥，他们是有生命的个体，拥有自己的意志和自由，以及生命中必须经历的选择和感受。**

正如蒙台梭利所言：**“每个人的成长都有一个程序，他在某个年龄特征段该领悟什么样的问题，其实是固定的，你没办法强求，过分人为地加以干涉只会毁了他。”**

每个孩子都有自己的成长规律，就如自然界中的生物一般。这就好比一棵树苗要想长成参天大树，无法一蹴而就，必须要经历一个漫长的过程。它可能需要经过自然的洗礼、接受环境的考验，以及很多无法预料的人为因素，最终才得以长成一棵可以遮风挡雨的参天大树。

初学说话的孩子一般都口齿不清晰，比如，会把“河流”说成“河牛”。这就如同孩子刚学走路时总是跌跌撞撞的，无须家长进行任何训练，孩子长大了自然就会走得很稳。但如果家长把这种现象视为不正常，“别人家的孩子说话就很清晰”“为什么我们家的孩子还走不稳”……着急去训练孩子，就会破坏孩子正常的发育系统规律。

有位妈妈的小孩儿一岁多，说话时口齿不是很清晰。她看到亲戚家的孩子才10个月就能说出完整的句子，反观自己的孩子，为此忧心忡忡。为了让刚刚一岁多的孩子口齿清晰，天天用小饭勺调整孩子的舌头，训练孩子的发音，使原本已经会说话的孩子突然不再开口说话了。这孩子的妈妈吓坏了，以为孩子得了自闭症。幸亏孩子奶奶及时发现是饭勺的原因，又对孩子进行很长时间的安抚和引导，过了将近一年孩子才又慢慢开口说话。

这是一个很典型的案例，它映射了生活中各种微小的、让父母担忧的细节以及父母对孩子过高的期望。其实，只要父母不急功近利地引导孩子，让孩子自然发展，无论是孩子说话早还是说话晚都是一件很好的事情。因为对孩子来说，他总会经历这个过程，只有经历了这个过程，**完全按照自己的身心发展规律以及自然法则来成长，才能拥有一个健康、完整的人格。**

## 爱孩子是对他全然的“看见”

如果你问一个孩子的父母：“你了解你的小孩儿吗？”大部分家长可能会非常肯定地回答：“我自己生的孩子，我当然了解他了。”甚至到了“我看他一眼就知道他想干什么”的境界，以为自己就是如来佛祖，孩子则是那个无论如何也逃不出他手掌心的孙悟空。

事实上真的如此吗？

有一个特别有名的故事——花钱雇爸爸吃早餐：

一位爸爸下班回家后，五岁的儿子在门外等他。

“爸爸，我可以问你一个问题吗？”

“什么问题？”

“爸爸，你一个小时挣多少钱呢？”

“这与你无关，你问这个干什么？”

爸爸显然有点儿不耐烦，他刚下班，有点儿累了。

“我想知道，爸爸，你一小时挣多少钱呢？”孩子在哀求。

“假如你非要知道的话，我一小时挣20美金。”

“哦。”孩子低下头，“爸爸，能借我10美金吗？”

爸爸发怒了：“如果你问这个问题的目的在于借钱去买毫无意义的玩具的话，那么就回你的房间好好待着。我每天辛辛苦苦赚钱，没时间和你玩小孩子的游戏。”

孩子失落地走回自己的房间。

爸爸还在生气，但过了一会儿，他觉得自己刚才似乎对孩子太凶了，也许孩子真的想买什么东西呢？

爸爸来到孩子的房间，递给他10美金。

“这是你要借的10美金，告诉我，你想买什么呢？”

孩子高兴地接过钱，说：“爸爸，谢谢你。”

然后又从枕头下掏出一些钞票，一起递给了爸爸。

“我之前只有10美金，现在有20美金了，我可以向你买一小时的时间吗？明天陪我和妈妈一起吃早餐，好吗？”

这个故事曾经让无数父母动容。很庆幸，这位父亲最终选择走进孩子的卧室，“借”给他10美金。他以为自己很了解孩子，借钱无非就是买玩具和玩，可实际上却不完全是这样的。如果他不去问孩子究竟想做什么，他又怎么会知道原来孩子是这样的想法？而且无形中也会伤害到孩子天性中善良和美好的部分。

据调查显示：大部分家长都认为自己非常了解孩子，认为自己的想法和做法对孩子都是最好的。“我吃的盐比他吃的饭都多”也是家长们常常挂在嘴边的一句话，这句话不仅凸显了我们一代代教育的“传承”，同时也把这句话带给孩子天性发展的危害逐渐延续了下来。

## 最好的教育是尊重孩子的自我教育

有很多家长不以为然，认为“知子莫若父，知女莫如母”。如果你真的了解你的孩子，那么请回答下面的几个问题吧：

孩子最好的朋友是谁？

孩子最喜欢哪一门科目？

孩子最喜欢的菜是什么？

孩子最爱看的电视节目是什么？

孩子最喜欢哪一位亲戚？

孩子最爱玩什么游戏？

孩子最崇拜什么样子的人？

孩子最喜欢的老师是谁？

孩子最感兴趣的职业是什么?

孩子最喜欢爸爸妈妈做什么?

上学期孩子最遗憾的事情是什么?

这几天让孩子最高兴的事是什么?

在学校里孩子被老师、同学喜欢吗?

孩子认为自己的优点是什么?

孩子认为自己的缺点是什么?

……

与此同时,这些问题的答案也可以让孩子写下来,与父母的答案进行核对。

当你看到这些问题时,是不是发现很多问题自己真的无法答上来?就算勉强答上来也是模棱两可,你是否已经不敢肯定地说:“我真的很了解我的孩子?”

是的,**很少有父母会意识到,自己可能真的不像想象中那么了解自己的孩子了,原来他的孩子已经在悄无声息地改变**。所以,当我们看到孩子拖拖拉拉、粗心大意、注意力不集中时,也应反思一下是否和我们没有有效地引导有关。

**如果我们去观察那些得到爱和自由的孩子,会发现他们自然而然地会去体验各种事物**。他们可能会用一个小时的时间观察蚂蚁搬家,又或许用一个下午的时间等待石头开花……他们不需要我们走过去详细地告诉他们蚂蚁搬家的每一个步骤，也不需要我们告诉他们“别等了，石头不会开花”……因为他们会从这些过程中汲取到所需的“营养”和感受，他们就是这样自我发展、自我教育的。

一些父母为了不让孩子“输在起跑线上”，会不停地教孩子开口说话，认识不同植物、事物的名称，辨别颜色、形状，反反复复让孩子做他们觉得“对”的事情。其实这些知识孩子早晚都会掌握，可父母无形中却把孩子的精神生活搅乱了。当孩子的节奏被打乱，就会陷入迷茫。

《资治通鉴》里说：“爱之不以道，适所以害之也。”**孩子不是父母的附属品，而是拥有独立人格的生命。父母对孩子最好的教育就是给予他恰如其分的教育，而“恰如其分”最好的解释便是尊重孩子的自我发展，不干涉。在爱的陪伴下，顺应孩子的成长。**

# 父母的情绪影响、决定着孩子处理问题的方式

## 不要带着负面情绪教孩子

**贫穷不会带来教育的失败，但精神的虐待一定会制造出一个问题儿童。**

成人的世界充满了各种各样的烦心事，他们一旦遇到不开心、不顺心的事，难免就会情绪失控：心情好的时候和蔼可亲；心情不好的时候看谁都不顺眼。这时被迁怒最多的人，就是与自己相处时间最长的亲人。

先生工作不顺迁怒于妻子，妈妈心情不好迁怒于孩子。对于成人来说，怒气可能会消散得很快，互相安慰几句可能就好了。但是对于一个年纪尚幼的孩子来说，妈妈的迁怒可能会给他们带来心灵的创伤。

然而每次当孩子不可避免地成为父母的出气筒时，大多数孩子都不知道自己究竟做错了什么。处在负面情绪中的父母看到孩子会无缘无故地说："你这孩子怎么这么不听话？我快要被你气死了！"有的还会对自己的孩子说："因为你不听话，我才生气的！"

这种突如其来的情绪，会使孩子对自己所做的事产生怀疑，从而萌生"爸爸妈妈是不是不喜欢我，我到底哪里做得不好"的想法。**这种喜怒无常的父母，会让孩子无所适从，心中充满委屈。时间久了，就会产生压抑的情绪。**

据专家调查显示，在父母不良情绪里长大的孩子，有四种很典型的负面情绪：

1.父母经常对孩子大吼大叫，胆小的孩子会在心里产生恐惧感。时间长了，孩子就会缺乏安全感，做事胆小、畏惧、缺乏自信。

2.父母情绪不稳定会伤害孩子的自尊心，经常大喊大叫会让孩子越来越自卑，无法形成健全、独立的人格。

3.父母的这种行为积压久了会令一些孩子产生叛逆心理，最开始他们会排斥、抗衡，时间久了就会越来越严重，甚至离家出走或做出一些伤害自己或他人的事来排解内心的愤懑。

4.长期生活在这种环境中，孩子无形中也变成了这样的人，十分暴躁，动不动就发脾气、大喊大叫、摔东西……

而普遍拥有这些问题的孩子，通常在学习中的表现就是做事拖拉、磨蹭，上课调皮捣蛋，和家长、老师唱反调等。看到这些结果时，身为父母的我们，一定要问问自己，**难道当初生孩子是为了让自己生气吗？是为了让孩子不快乐吗？**

## 不要沉浸在自己的情绪里，对孩子的 B 面视而不见

每个孩子在成长过程中都会一次次地跳出父母既定的舒适区域，不断地蜕变，体悟这个未知世界带给他们的感受。**孩子之所以是孩子，就是因为他们天性未泯、纯良可爱，做事不计后果。**可是父母总是要求他们做任何事都提前考虑后果，如若不然，这些孩子就会被指责说“你做错了”。

其实，父母不知道的是**每个孩子都像一盘磁带，他们有A面和B面。**父母往往只看到他们的A面，而忽略了他们的B面。这就像我们种一朵花，假设太阳每天都只照射这朵花的同一面，那么它的生长必然是不均衡的。

著名的教育家陶行知先生当校长的时候，曾发生过一个流传至今的“四颗糖”的故事。

有一天，陶行知路过操场，突然看到一个男生用砖头扔另一个

男生，十分危险。他马上过去制止两个学生，并叫拿砖头的男生下午3点到校长办公室一趟。

没到3点，男孩儿就到校长室门口等候，眼神迷离无光，情绪起伏不定，内心有暗流在涌动。

没发泄完的愤怒、错误行为的自责、面对校长责问的恐惧、同学们即将看笑话的羞愧，还有可能面临找家长的担忧……这些暗流包围着男孩儿，不停地旋转，形成了强大的、黑洞般的“引力波”。

对一个孩子来说，这情景堪比宇宙大爆炸！

但是，这“引力波”发出的信号，被远隔千米的陶校长探测到了。他去小卖部买了一包糖果。

陶校长准时回到办公室，发现男孩儿已经等在那里，他笑着掏出一颗糖，说：“这颗糖是给你的，因为你很守时，没迟到还提前到。”

眼前的这颗糖像一枚炮弹把男孩儿打晕了，完全没反应过来是怎么回事。接着校长又掏出一颗糖，说：“这也是给你的，我让你住手，你就立即住手了，说明你很尊重校长。尊重别人是最重要的品质啊。”

男孩儿被这第二颗糖彻底击晕了，随着那个卑微的自我的倒下，之前的那股暗流失去了中心点，四处飞散。

陶校长又说道：“据我了解，你拿砖头扔同学是因为他欺负女生，这说明你很有正义感，我再奖励你一颗。”

这时，几股奇妙的新能量开始围绕着男孩儿旋转，越来越靠近中心点，良知之光越来越亮。男孩说：“校长，我错了。同学再不对，我也不能采取这种方式。”

陶校长在孩子开口前就收到了新的“引力波”信号，又掏出一颗糖，说：“你知错认错，实在难得，不得不再奖励你一颗。我的糖发完了，我们的谈话也结束了，回去吧！”

男孩儿手握四颗糖，眼睛里充满着一束前所未有的光。

很多父母都误解了对孩子的爱。**爱是信任、是尊重，更是一种能触及灵魂、动人心魄的教育过程。**苏霍姆林斯基说过：“每个人都有一颗成为好人的心。”即使再调皮的孩子都想成为父母、老师眼中的好孩子，受到父母、老师的喜爱。

**教育是一个长善救失的过程。**面对问题孩子如果一味地打压只会加剧他们的抵触情绪，使他们固执地坚持错误，不愿改正。正如没有人可以往一个盖着盖子的瓶子里灌水。任何训斥、粗暴的做法都不足以拨动孩子的心扉，唯有找到正确的方法才是出路。这就要求父母不仅要盯着孩子的A面，还要看到孩子的B面，这样才能将教育的清泉注入孩子的心扉。

而从陶行知“四颗糖”的故事中，我们更清晰地看到了一件事情的两面以及孩子做法中的A面与B面。为什么我们通常只看到孩子不好的一面？这到底是孩子的问题，还是为人父母的问题？这是我们当下需要进行反思的。

## 生气无可避免，保持冷静、找到正确方法才是关键

父母的情绪就像孩子的一面镜子，简言之，父母的情绪决定了孩子的未来。

大部分父母的内心都无法接受孩子“不听话”，他们认为如果孩子不按照自己的方式来做，未来就岌岌可危。这种父母往往把自己的情绪施加在很细微的一件小事上，把很简单的事情无限放大，结果把自己气得半死。

有一个小男孩儿叫毛毛，只要放学回家就把书包里的东西拿出来扔满床，校服、袜子脱得哪里都是，鞋子也是东一只西一只，自己则悠闲地躺在沙发上打开了电视。正在做饭的妈妈出来一看立马火冒三丈，让毛毛迅速把电视关掉，收拾东西去写作业。毛毛十分不情愿，依旧磨磨蹭蹭，终于“成功”地惹怒了妈妈，被暴打了一顿。

通过这个案例我们发现，妈妈并没有分析出毛毛这样做背后的深意其实是想让妈妈多关注一下他。妈妈一见到毛毛没有按照她的要求去做，马上就生气了，结果最后全家人都带着一肚子气和各自的委屈，在毛毛的哭声中结束了晚餐。

**很多父母不明白孩子内心的潜台词，也看不到孩子真实的需求。这一刻，**毛毛内心真实的想法是想让妈妈从厨房出来，关注一下他一天的生活，给予他肯定、认可与鼓励。可是父母通常都认为“你做得好是应该的”，所以对这种信号不以为意。为了获取妈妈的关注，毛毛只能一次次地触碰妈妈的边缘界限。**磨磨蹭蹭的行为正是孩子在一点点试探性地寻求关注。**可是妈妈没有领悟到，最终只有升起战争的硝烟。

毛毛妈妈并未及时给予孩子需要的关怀，最终把错全部推给孩子承担，此时这位妈妈的做法是值得商榷的。有一个著名的法则，叫**“费斯汀格法则”**，这个法则给我们讲了一个可控原理。它是说**生活中有百分之十的事情是已经发生在你身上或者你周围的，而剩下的百分之九十则取决于你对于这件事的反应，也就是说这百分之九十本来完全在我们个人的掌控之中。**可我们却往往任由自己的情绪跟随那百分之十一起失控，从而使很多事情都变得很糟糕。比如，你可能因为做了一个错误决定，说了一句伤害孩子心灵的话，而无法挽回。

只要父母的情绪开始变化，无形中就已经失去了最佳的教育时机。所以当孩子犯错、表现不好时，父母一定要记住，这是教育的信号，要调整自己的情绪，做情绪的主人。古人说："如果一件事你在该说的时候没说，是失人；在不该说的时候说了，就是失言。"在教育孩子的问题上，父母一定要掌握好合适的时机与正确的沟通方式。

有一位作家曾这样说过："人受到震动有种种不同，有的是在脊椎骨上，有的是在神经上，有的是在道德的感官上，而最强烈、最持久的则是在个人的尊严上。"没有人天生就是好父母，好父母都是学出来的，而为人父母最该学习的便是合理控制自己的情绪。

# 孩子永远比面子重要

## 你是爱孩子本身，还是爱孩子带来的价值？

在犹太有一位名叫马丁·布伯的哲学家，他把关系分为了两种：我与你、我与他。即当一个人全然放下预期与目的时，就会与这个存在的本来面目相遇。也就是说，父母要想让孩子感受到自己的爱，就要看在施与爱的过程中有没有放下自己对孩子的预期目的。

波波小时候很喜欢踢足球，每次和小朋友一起踢足球时都很快乐。在球场上奔跑、听风在耳边呼啸、跑步时身体轻盈的感觉都让他觉得特别满足。等他回家把这件事和妈妈分享时，妈妈说：

“和小朋友一起踢足球是一个很好的爱好，你要加油哦，既能锻炼身体，还能交到好朋友。”波波听完之后刹那间兴趣全无，像被泼了一盆凉水一样。

**父母往往会给一件事加上附加价值，什么都要用价值来衡量。**所以父母会不自觉地盯着孩子从小到大的每一次考试成绩，并借助分数来看待、评价孩子的努力、态度等。父母的这种迫切、焦虑的育儿心情，恨不得让孩子赢在每一个起跑线上。

经常会听到孩子不屑一顾地提起自己的父母：“我知道，父母特别希望我考好，如果我考不好，他们在亲戚、朋友和同事面前就会很没面子。他们只想着自己，至于我呢？根本就无足轻重。”

**分数明明不是孩子的全部，可大部分父母都热衷于这场无声的“攀比”。**比如，孩子语文考了100分，妈妈会说：

“这有什么好骄傲的？隔壁丽丽考了双百！”

“你看李阿姨家的女儿每天把房间收拾得干干净净，你看看你！”

“你看看你们班其他同学的字，再看看你自己的字，都写出格了，就不能认真点儿吗？”

……

**当父母用“放大镜”看完了别人家孩子的进步时，有回过头来告诉孩子关于他这次的进步你也有感到骄傲吗？**他以前语文是96分，现在是100分，你有看到他的努力吗？

不恰当的对比和攀比，会无形中引导孩子把注意力放在失败上，而不是成功上。身为父母，应该肯定孩子的每一次进步和努力，让他知道只要付出就一定会有收获。不要让他如夜空般明亮的眼睛一次比一次暗淡。

## 罗马不是一天建成的

著名的神经科学研究教授、亲子作家洪兰教授提到：近年来，因为脑造影技术的精进，大脑科学家可以在活人的大脑中，看到大脑线上的工作情形，我们就看到来自同一个家庭的同卵双胞胎，在做同一件事时，大脑活化的区域及血流量有所不同。你也许会问："他们先天基因相同，后天环境也相同，又做同一件事，为什么大脑活化不同呢？"因为没有两个人有一模一样的经验，所以父母不可以把孩子跟别人比。**每个人的基因不同，成长环境不同，拿来作比较是不公平的。**

我们可以试想一下如果"输在起跑线上"这句话成立的话，那么要如何解释"大器晚成"？历史上很多名人都是奇葩晚放，他们开窍晚，但开窍后所有的表现都比那些"赢在起跑线上"的人更优秀。

他们为什么能够成才？这与他们有一个好母亲不无关系。父母是孩子的第一任老师，**如果父母把孩子的学习成绩变成一种取悦他人认**

**同的方式，此刻孩子的侧重点就不在自己的目标上，而是在他人的想法上，并且极其容易受到他人的影响，很难始终如一地做一件事。**当遇到自己可能做不了的事情时，他也不会想要超越自己，克服困难，而是逃避，以免被他人嘲笑和看不起。

心理学家曾经用狗做过一个嫉妒情绪的实验：把一只饥饿的狗关在笼子里，再把另外一只狗放在笼子外面吃很香的骨头。这时候笼子里的狗焦躁不安，在气氛的烘托下和嫉妒情绪下产生了神经症性的病态反应。

**对比不是攀比，学习也不仅仅是为了成绩。**父母往往会把攀比演变成“挤对”“你看别人行，你不行”……这样无形中会让孩子变得敏感、脆弱、嫉妒心强，这对孩子未来的人生并不是一件加分的事情。

# 父母的习惯造就孩子的人生

## 父母对孩子的影响能有多大?

每个生命来到这个世界上，第一眼看到的就是自己的父母，他们会默默地把父母的每一个举动、言行，都刻画在自己的脑海里，这种潜移默化的影响深刻而持久。父母是孩子的第一任老师，父母的言传身教是影响孩子成长的重要因素。父母在教孩子认识世界的同时，必须要注重自身言行对孩子的影响。

古希腊的哲学家柏拉图曾说：**“人的一生，最开始的部分也是最重要的部分，特别是在稚嫩的小孩儿身上。因为在一开始，他们对什么都没有印象，大脑一片空白，我们的习惯和思维很容易影响到他**

们。”通常父母都把重点聚焦在了如何教育孩子上，很少有人会意识到自己其实是孩子学习的主要对象。

父母的一言一行都是孩子模仿的对象，所以当你在责怪自己的小孩儿不看书而看电视时，要反观一下自己是否喜欢看书。如果自己都不喜欢看书的话，那言语上的教导是无力的。

刚上小学三年级的甜甜是家里的独生女，家长也都习惯把希望寄托在她的身上，时常会对她说：“乖女儿，你要好好学习，平时多看点儿书，这样以后才能考上好大学，找个好工作，爸爸妈妈辛苦工作都是为了你啊。”

甜甜听后，很想努力学习，但是没过多久就松懈了。因为爸爸妈妈每次吃完饭都会让她回房间看书，而他们却在客厅看电视。在房间里看书的甜甜，总能听到电视的声音，也会不由自主地被吸引，每次都是随便写写作业，马上就出去和爸爸妈妈一起看电视。

然而她一出去，妈妈就会批评道：“你现在的任务是好好学习，把心思放在学习上，知道吗？回去看书去！”

可当甜甜再回去看书时，基本上就看不进去了。她根本不明白为什么爸爸妈妈让自己好好学习，他们却可以看电视？甜甜的内心极度不平衡和委屈。长此以往，她的学习成绩开始下滑。

经教育专家调查得出：**孩子只会听他喜欢的人和他崇拜的人对他的建议**。身为父母，如果自己都做不到、做不好，当意志力不坚定的孩子听到电视传来的声音时，又怎么可能学得进去呢？专注力只会越来越差。

## 好习惯究竟如何养成？

美国著名“家庭治疗大师”萨提亚女士认为：**一个人和他的原生家庭有着千丝万缕的联系，而这种联系有可能影响他的一生**。而这一点从杨绛先生的生平我们就可以得到印证。

杨绛先生说：“小时候，看爸爸说话入情入理，出口成章，《申报》评论一篇接一篇，浩气冲天，掷地有声。我佩服又好奇，请教秘诀，爸爸说哪儿有什么秘诀？多读书，读好书罢了。”

而杨绛的妈妈每天操劳一家大小的衣食住用，闲下来时也总要翻翻古典文学、现代小说，看得津津有味。那时她也总学母亲的样子，找来许多藏书，发现有趣的事果真在书里。后来她有了女儿钱瑗，仍每日读书，引来女儿学她，照模照样地拿本书来读，居然也渐渐入道了。

杨绛先生读书这件事映射的是，生活中父母大大小小的言行举止。如果父母是积极向上的正面榜样，对孩子的影响是巨大的。小时候养成的习惯，最终得以受益终身。所以在孩子面前，父母尤其要注意生活中的小细节。如果想要孩子具有较高的社会公德和良好的思想品德，父母首先就要做这样的人。

身为父母可以换位思考一下，如果你是孩子，你会选择下面哪个家庭来生活：

一种是爸爸喜欢读书，妈妈喜欢旅行，爸爸妈妈看起来和乐有爱、互相尊重，没事儿就一家人一起去爬爬山、打打球，你喜欢做的事他们会给予鼓励和肯定。

另一种是爸爸喜欢打麻将，妈妈喜欢看电视剧、美容，爸爸输了钱就把气撒在你和妈妈身上，妈妈看电视从来不管你写作业的事。

你选哪一种？

童话大王郑渊洁说：**“父母自己做出了成就，就是给孩子施加压力的最好方法。孩子也会效仿父母走出成功的人生之路。”**父母以身作则，为孩子营造健康、向上的家庭氛围，不仅可以把孩子培养得更加优秀，更会成为被孩子效仿的父母。

## 身教重于言教

在英国有一个爱德华家族，是真正的书香门第：老爱德华是一个为人勤勉、博学多才的哲学家。据调查显示，在他的子孙后代中，有13位大学校长、100位大学教授、80多位文学家、60多位著名医生，还有1名大使、20多名议员。

同样在英国，有一个珠克家族，却与爱德华家族有着天壤之别：老珠克是个臭名昭著的酒鬼和赌棍，整天游手好闲，还经常打老婆、骂孩子。他的子孙八代中，有300多个人当过乞丐和流浪汉，400多人酗酒致残，有的甚至死亡，60多个人犯过诈骗和盗窃罪，还有7人成了杀人犯。他们整个家族没出现一个正人君子，更别说有用之才了。

父母的榜样力量不言而喻。每个孩子都是一张张透明的白纸，父母是最初为这张纸打底的人，孩子之所以有“今天”，都是因为“昨天”父母的行为所引导的。

东野圭吾在《时生》一书中写道：“**谁都想生在好人家，可无法选择父母。发给你什么样的牌，你就只能尽量打好它。**”对于已经为人父母的我们来说，我们无法选择自己的父母，却可以选择停止对孩子的抱怨，选择为了孩子成为一个什么样的父母。

一个家长对自己的要求、对自己每个行为举止的注重以及对家庭的尊重，就是对子女最首要、最重要的教育方法。

# 父母眼中的完美，正在蚕食孩子的心灵

## 没有天生就完美的小孩儿

每个父母都希望自己的小孩儿是最优秀、最完美的，却从来没有人给父母眼中的优秀和完美下过定义，究竟孩子怎样做才算父母眼中的完美？

经过调查显示，大部分父母定义的完美孩子是：不哭不闹、乖乖睡觉、自己玩耍、乖巧听话、善解人意、大气懂事、尊敬师长、勤奋努力、严于律己等。先不管这些标签究竟能否定义完美，**先问问我们自己，是孩子眼中完美的父母吗？**

法国著名儿童文学家米夏埃尔·埃斯科菲耶讲述过一对父母和一

个完美孩子的故事。

在一个阳光灿烂的日子，迪普雷先生和他的太太来到了一个超市。

“先生、夫人，你们好，需要帮助吗？”

“嗯……好啊，我们想要一个小孩儿。”

“一个小孩儿？没问题，跟我来！”

“我们所有的品种都有不同型号可供选择。比如，这边这个是音乐家小孩儿……那边是天才儿童……”

“你们有完美小孩儿吗？”

“稍等，我查查库存。你们知道，这个品种很畅销。啊，你们真走运，还有一个。”

“就是他，你们觉得怎么样？”

“呀，他真可爱！你叫什么名字，小伙子？”

“巴蒂斯特，夫人。”

“巴蒂斯特，好乖的名字！”

“很完美，我们买了！”

就这样，巴蒂斯特成了迪普雷家的一员。

“巴蒂斯特，你想吃一个大大的棉花糖吗？庆祝你来到我们家。”迪普雷先生和他的太太开心地说。

“谢谢，不过我最好别吃甜食，对牙齿不好。”巴蒂斯特乖巧地答道。

迪普雷夫人想：简直太完美了！

最初几天，巴蒂斯特表现得特别好，跟他的新父母期待得完全一致。

“他吃得多好啊！”

“嗯，很有规矩！”

“他玩得多好啊！”

“嗯，安安静静的！”

“他睡得多好啊！”

“嗯……是啊！”迪普雷夫妇看着巴蒂斯特安静地睡觉都觉得十分欣慰。

所有人都觉得他很有礼貌。

“再见，香面包夫人！祝您一天都有好心情，香面包夫人！”

在学校里，他每门功课都学得很棒。

“好样的，巴蒂斯特。一如既往的完美！”

从来不任性，从来不顶嘴。

“请问，我能和你们一起看电视吗？”

“不行，这个节目不适合你。”

“好的，那我读会儿书……”他好像能适应各种状况。

连一些特别让人受不了的事，比如，爸爸忘记去接他下学，他都能应付。

“对不起，我没看时间……”

“没关系，爸爸，我用等您的时间数到了13752！”

他能笑着面对一切……

“哎呀，冰箱空了……”

“别担心，妈妈，我们明天再吃饭吧。”

简单来说，巴蒂斯特就是迪普雷夫妇梦想中的小孩儿。

“爸爸妈妈，该起床了。”

“糟糕，今天是学校狂欢节……快去穿表演服，我们马上就来！”

“来，妈妈帮你把触角竖起来！”为了庆祝狂欢节，妈妈给巴蒂斯特穿了一套小蜜蜂的衣服。

“晚上见，我的小蜜蜂！”

“晚上见，爸爸！”

结果等巴蒂斯特到学校才发现今天不是狂欢节，同学们都开始嘲笑他。这天，巴蒂斯特在回家的路上一句话也没有说。

可是一进家门……

“下礼拜才是狂欢节！今天是照集体照的日子！啊，啊，啊，啊，啊，啊！”他开始史无前例地爆发起来。

第二天，在瓢泼大雨中，迪普雷夫妇带着巴蒂斯特走进超市大门，他们觉得巴蒂斯特出现了故障。

“真不明白，这是他第一次有这种举动。之前，我们在一起一直很开心的……”

“我可以把他退给供应商。”售货员说，“不过，要等好几个月才能取回来。”

“好几个月？可是……我们已经有感情了……”

“你呢，小伙子，你是怎么想的？你在新家觉得不开心吗？”售货员问巴蒂斯特。

“开心，只不过……”

“怎么了，发生了什么事？”

“嗯，怎么说呢……您不能帮我找一对完美的父母吗？”

“完美父母？哈哈，这个想法太可笑了！”售货员大笑着说。

这个故事是一个很典型的案例，仿佛一盆冷水浇到了父母的身上。**没有天生完美的孩子，也没有天生完美的父母**。影响孩子成长的因素有很多，家庭环境、家庭教育程度、父母的个人修养等。还有可能是一首歌、一次郊游，或者拿小刀切东西时不小心切到手流出的血、跑步跌倒时的一次哭泣……每一个细节都是促使孩子越来越好的一个小台阶。如果孩子没有要求我们是完美的父母，那我们就无法要求他天生就是一个完美的小孩儿。

## 孩子为什么做不到你要求的完美？

有些父母说：“我不要求我的孩子事事完美，可是当他玩完玩具后，为什么就连让他快点儿收拾好房间他都做不到？这难道也是我的问题吗？”大部分家长都不明白为什么越这样说，孩子的动作不仅没加速，反而还变慢了，东西收拾得也越来越乱。

这个问题的根源不在孩子身上，而在父母身上。因为让孩子“快点儿”并且“收拾好”房间，是两件事情，对于孩子来说是矛盾的。孩子年纪还小，身体发育程度还无法像成人一样协调，“快点儿”意味着让他提速，他很容易手忙脚乱。而“收拾好”，是让他把东西放回原位、收拾整齐。对于孩子来说，要想收拾整齐，就要花费更多的时间来完成。所以，当孩子努力想达到我们的要求时，就会手忙脚乱，反而收拾得一塌糊涂。而父母看到孩子收拾得不怎么样之后，就会对孩子进行说教、训斥，孩子就会委屈、烦躁。几次过后就会出现逆反心理，直接甩手不干或者故意越弄越乱。父母原本期望孩子在自己的催促下越做越好，可是我们应该看清现实，孩子并不是一个机器人，他们不可能完美地按照父母的每一道指令做事。

每个孩子都有自己的做事节奏，虽然很多孩子的慢性子会让父母着急、跳脚，但**父母不能因为自己的急性子而扼杀孩子做事的积极性**

**和主动性**。孩子也许有自己的安排，或许你不催促，他会完成得更好。从这里我们就可以延伸到孩子日常学习的问题上，比如，孩子写一篇抄写，如果家长要求孩子快点儿写，并且字都写得方方正正不出格子，这就是强人所难，长此以往孩子就会产生厌学心理。我们要给孩子成长的空间，不能步步紧逼，事事都要求十全十美。

## 父母学会放手，才是对孩子真正的爱

众所周知，犹太民族是一个与我们同样有着5000多年历史的古老民族，他们的人口总数不到世界的百分之一，却为世界文明做出了巨大的贡献。在经济、科技、思想、文化、教育等领域，他们都占据着举足轻重的位置。犹太人无论在哪儿，都能如鱼得水地开展他们的事业。究其原因，就是他们的教育理念是非常顺应孩子的天性发展的。

随着时代的发展，我们越来越意识到给孩子过多的庇护，会导致孩子的自理能力、独立学习能力和处理问题的能力都很差。而犹太民族的父母认为，需要**提前为孩子独立生存做好准备，及早培养孩子独立生存的能力**。所以他们在教育孩子的过程中，更多的**不是手把手地教他们做什么，或者事无巨细地安排他们做什么，而是尊重并培养孩子的独立自主意识**。

孩子在1岁多时，独立自主意识就开始萌芽，他们开始喜欢亲自动手，自己搬东西、拿饭碗吃饭等。等到大一些的时候就可以独立洗脸洗手、穿衣服、脱衣服……包括想穿什么，父母都不宜过多地干涉、呵护，而应给予尊重，让他们自己思考、解决，并支持、鼓励孩子。因为被过分呵护和干涉的孩子，长大后不容易建立独立的人格，做什么事都畏畏缩缩，不容易有出色的成就。

同事H就是一个每天对自己的孩子说无数遍“小心！危险！别碰”的紧张妈妈，她恨不得让自己的孩子活在真空里，无菌、无污染。可孩子天生拥有好奇心和探索欲。每次见到小刀都想拿过来玩，同事H总会在她碰到小刀的前一刻厉声呼叫：“刀子很危险，会割伤你，绝对不能玩，记住了吗？”一个完美、听话的小孩儿就再也没有碰过那把刀子。

同事B家的小孩儿则不然，从小就被同事B“散养”，不仅玩过刀子，还用小刀切过纸，划过桌子和墙，家里留下了一道道他顽皮的痕迹，甚至还不小心割伤过手指。

一天，两个孩子一起溜出去玩，不小心被绳子缠住绊倒。同事B家的小孩儿马上在周围寻找类似小刀一样尖锐的物体割绳子，而同事H家的小孩儿只会惊恐地大哭，不知所措。原因很简单，因为同事B家的小孩儿体验过小刀带来的感受，认知会自然发展；而另一个小孩儿只是听妈妈说过“不要碰小刀，它会伤人”，发展的只是恐惧和制约。

所以父母要求孩子做一个完美、听话的小孩儿，并不一定是一件好事。因为生活本身就是不完美的，也不会始终按照我们的想象来进行，这样未知的生活对于孩子来说，不完美的才是完美。

## 孩子不会时间管理的深层原因究竟是什么?

### 时间是最公平的

让孩子学会时间管理的目的在于培养孩子“高效学习、从容生活”的好习惯。**12岁以前是习惯养成的黄金期,在这个阶段,孩子的学习能力和接受能力是最强的**。如果孩子没有养成良好的时间观念,就会逐渐形成做事拖拉、早晚作息不规律、作业经常写不完等不好的行为。所以父母一定要牢牢地把握住培养孩子良好习惯的黄金期,为他日后的学习和生活打下坚实的基础。

生而为人,每个人的出身、家庭环境、受到的教育都不同,而这个世界上最公平的就是时间。每个人每天都是24小时,就看你如何合理地利用。时间无法倒回，也不能储存。著名管理大师彼得·德鲁克说：**“不能管理时间，便什么也不能管理。时间是世界上最短缺的资源，除非严加管理，否则会一事无成。”**所以成功的人，大部分都是会合理利用时间的人。

其实不是孩子没有时间观念，而是时间太抽象，孩子根本无法体会到什么是时间，也没有建立一个良好的时间观念，从而无法意识到时间的价值所在。**孩子们都是凭自己的感觉来做事，从不考虑时间因素。**心理学家认为，**每个人的时间观念与自身的时间觉知是密切相关的。**对于没有时间观念的孩子，父母要给予理解和引导，不能直接给孩子贴上一个“爱拖拉”的标签。因为**孩子有时候真的不是贪玩，而是无法清晰地感知时间的流逝。**

现在很多学校在学生入学前都会进行智商测试，孩子们的智商原本相差不大。但是慢慢地我们就会发现到了三、四年级的时候，孩子们的学习成绩严重分化，学习好的孩子逐渐就映入了大家的眼帘。孩子们的智商没有变化，之所以会出现成绩的分化，就是因为每个孩子时间管理的不同。有的孩子在最初没有形成良好的习惯，每天被作业搞得焦头烂额，上课也不会听讲，导致成绩和其他同学相差得越来越大。一些家长觉得反正孩子还小，学习好坏不重要，但是这个阶段成绩的好坏是能反映出很多问题的。虽然成绩好坏不是最重要的，但是通过成绩我们能看出一个孩子的学习习惯和时间管理问题。

如果一个孩子没有养成良好的学习习惯、不会管理时间，长此以往就会形成恶性循环，上课注意力不集中，听不到重点，回家写作业不知道写什么，得不到有效的复习，第二天上课和前一天接洽不上，继续注意力不集中……这样下去孩子的内心也会产生挫败感。

## 引导孩子建立正确的时间观

每个人时间观念差异的形成因素有很多，包括文化、生活环境、教育水平等因素。**时间观念是人们在社会生活中对做事效率的一种描述**。如果一个人不守时，经常迟到或者办事拖沓，我们就会说这个人“没有时间观念”。

普遍来说，没有时间观念的人一般分为三种：第一种人只在乎眼前的情况；第二种人认为现在是无关紧要的，会过度地沉溺过去；第三种人不关注过去和现在，只想着未来，预测未来的事情。其实最恰当的做法便是积极地从过去发生的事情中汲取经验和教训，适度地思考将来，合理地安排现在。过分地沉溺于过去和活在对未来的幻想中，都是对人极为不利的生活态度。

李政道先生在1957年获得诺贝尔物理学奖时，有很多人都向他请教成功的原因。李政道先生经过思考说了这样一句话：“普通人每天有24个小时，而我每天有25个小时。”难道他的一天真的比我们多出一个小时吗？当然不是，这就表明他是一个善于利用时间的人。时间观念和人生观从某种程度上是紧密相连的，你拥有什么样的时间观念，就会拥有什么样的人生。

怎样才能在有限的一生中增长更多的知识，做出更多的贡献呢？很重要的一点就是要珍惜时间，充分利用时间，做时间的主人。古今中外，凡是有所作为、有所成就的人，无不惜时如金，争分夺秒。《淮南子》有云：“**圣人不贵尺之璧，而重寸之阴。**”汉乐府《长歌行》有这样的诗句：“**百川东到海，何时复西归？少壮不努力，老大徒伤悲。**”陶渊明《杂诗》：“**盛年不重来，一日难再晨。及时当勉励，岁月不待人。**”王贞白《白鹿洞二首》（其一）中更有“一寸光阴一寸金”的妙喻。法国作家巴尔扎克把时间比作资本；德国诗人歌德把时间看成是自己的财产。鲁迅把别人用来喝咖啡的时间都用在了工作上，他的一生给我们留下近700万字的著作；爱迪生一走进实验室就全神贯注，有一次竟连续36个小时不出实验室，给人类留下了1000余种发明……

相反，那些没有时间观念的懒散人，今日事拖到明天办，到了明天又拖到后天，或者把时间整日消磨在吃喝玩乐上。这种人最终只能虚度年华，碌碌无为，留下一片悔恨。

## 让孩子了解到时间的价值

大部分小孩儿通常只在乎眼前的情况，感受不到时间的流逝，也不觉得时间有什么珍贵的。因而，这样的孩子在做事情时都需要父母盯着，学习也必须父母坐在身边陪着学，不然作业肯定完不成。而且有时候正写着作业就开始抠橡皮，橡皮被抠得渣子掉得满处都是，这样的孩子逐渐就会变得不会主动学习。对于这种孩子，家长不断地告诉他“一寸光阴一寸金，寸金难买寸光阴”是无用的，根本无法让他们真正学会珍惜时间。时间是很抽象的，只有让他们体会到时间对自己的价值，他们才会真正地认识到时间的宝贵。

首先，家长可以讲几个关于时间的故事给孩子，潜移默化地给孩子渗透时间的重要性。比如，下面这个故事。

秋天，凉风习习，蟋蟀站在大石头上唱歌。这时，一只猫头鹰飞来了。

它对蟋蟀说：“蟋蟀哥哥，冬天快到了，你该准备过冬的食物了！”

蟋蟀说：“原来你也是为此事而来的呀！前面已经有青蛙兄弟提醒我了！冬天还早着呢，不用这么着急！”

猫头鹰惊讶地说：“那你快去做呀！现在去做还来得及，再不抓紧时间，到冬天就没有粮食了。到时候你后悔也来不及了！”

“去，去，去！别来烦我，去干你的事情吧！”

冬天很快就来临了，寒风瑟瑟，这时候蟋蟀才想起自己还要运粮食，于是匆匆跑去找食物。可是这么冷的天气，哪里有食物呢？池塘边连一颗果子也找不到。它这才悔不当初，没有珍惜时间去储存粮食。但世界上没有后悔药。它又冷又饿，很快就冻死了。

通过这个故事，家长可以引导孩子时间是无法失而复得的。如果孩子吃饭不及时，每次都要千呼万唤才肯磨磨蹭蹭地来吃饭的话，家长就可以结合这个故事告诉孩子这个道理。只有结合自身的实际情况，孩子才能真正对时间产生自己的感受。

其次，通过简单的谈话也能起到一定的效果。比如，我姐夫家的孩子有一段时间很迷恋动画片，有时候就会耽误写作业。但我姐夫没有把他的儿子当成一个小孩子，而是以与一个成年人沟通的口吻对他说：“你现在8岁，如果你浪费了今天，那么这段时间就永远不会再有了，是无法弥补的。”

我外甥听了他的话深受触动，感受到了爸爸对他的尊重，深知爸爸是站在他的角度为他考虑的。从此以后，他在看动画片这件事上变得很有节制。在引导孩子的过程中，家长首先要做好榜样，这样才会起到事半功倍的效果。

# Chapter 2

## 时间是什么，<br>为什么要教会孩子时间管理？

# 为什么大部分孩子普遍对时间没有观念？

## 孩子的时间认知是模糊的

通过上一章我们一起给孩子建立了时间观念，也用故事的形式初步让孩子感受到时间的价值和重要性。很多家长反映平时给孩子不断灌输时间观念和关于时间的小故事，在讲故事的过程中，孩子都会表现出一副听懂了的样子，可是每次只要让他20分钟后吃饭，他就没有准时过，都在那儿玩得忘乎所以。让他们准时起床、出门、写作业……比登天还难。

针对这个现象，心理学家们进行了研究，将6~14岁的孩子分成了两组进行实验。结果表明：6~7岁的孩子对短时间的估算不够准确，多变且不稳定；8~14岁的孩子对短时间的估算比较准确，时间观念已渐渐趋于稳定。所以有时候，**孩子那些让父母很恼火的行为并非因为他们贪玩，而是因为他们真的无法估算自己正在做的这件事需花费的时间长短。**

正如高尔基所说：“世界上最快而又最慢、最长而又最短、最平凡而又最珍贵、最易被忽视而又最令人后悔的就是时间。”对于孩子来说，他们很难在自己浪费的时间上面后悔，因为人在做自己喜欢的事时，通常都会觉得时间过得很快。对于半小时以上的时间估算，成年人在受到情绪、压力等因素的影响下都很难估算准确，何况是正处于觉知发育期的孩子呢！

家长可以通过不断和孩子进行一系列有奖励的小游戏来提高孩子对时间的认知。比如，让孩子猜测玩一会儿游戏一共花费了多长时间，画一会儿画又用了多少时间……通过这样不断地练习就会让孩子对时间的感受力越来越强。

## 在日常生活中要明确地把时间表达出来

很多时候，我们无法向一个没有相同经历的人描述一种情景，让他们懂得我们的感受，孩子也是一样。在大部分孩子小的时候，家长为了孩子的健康或者怕他哭闹，都会尽可能地避免很多食物，但孩子对于辣椒和辣的东西总有天然抑制不住的好奇心。

“妈妈我想吃这个。”

“这个很辣，小孩子不能吃。”

这样的对话在大部分家庭中或多或少都出现过。孩子总是锲而不舍，父母越不让他吃的食物，他越好奇，他的意识里不明白“辣”的含义是什么。只有哪一天他吃了辣椒，被辣出眼泪，拼命喝水，他才知道：哦，原来妈妈说的辣是这样，嘴里像烧了起来，要喝好多水才能缓解一点儿。当这些名词变成了他的一种感觉，大脑就会自动为他进行存储。

不言而喻，如果孩子放学回家说：“妈妈，我想出去玩一会儿。”恰好这位妈妈在做饭，她想正好孩子爸爸也没有回来，她就回复孩子说：“那你去玩一会儿吧，和爸爸差不多时间回来，妈妈的饭也快做好了。”结果是什么呢？可想而知，孩子一直玩到了天黑，被妈妈去外面找回来痛骂一顿，大哭了一场。

因为孩子无法理解“一会儿”是多长时间。由此可见，**我们不能只想着用一两句话就让孩子彻底理解时间的概念，他们的理解能力没有那么强**。最简单的方式就是从孩子生活中的琐事开始，只要遇到和时间有关的内容，家长就明确地将时间表达出来。

比如，早上妈妈叫孩子起床时就可以明确地说：“现在6点30分了，你要起床了哦。”

吃早饭时可以说："7点了哦，过来吃早饭吧！"

等到要出门上学的时候就说："7点半了，现在要出门去上学了，我们出发吧。"

晚上回到家时可以对孩子说："6点啦，妈妈现在去做饭了。6点40分吃完饭后，你是不是要去写作业了呢？"

逐渐用这种方式来引导孩子，让孩子知道原来时间和自己生活中的每一件事情息息相关。时间久了，孩子就会关注时间的变化和流逝，开始慢慢地感知时间。最初实施这个举措时，家长可以给孩子设定闹钟提醒他，这个闹钟最好选择孩子喜欢的，或者让他亲自挑选，这样使用闹钟时才不会导致孩子过分抵触。

## 零散时间也是重要的时间

阿尔福德说："**片刻的时间比一年的时间更有价值，这是无法变更的事实，时间的长短与重要性和价值并不成正比。偶然的、意想不到的5分钟就可能影响你的一生。**"

所谓零散时间是指不构成连续的时间或一件事与另一件事衔接时的空余时间。这样的时间往往会被大家毫不在乎地忽略，比如，孩子早上起来洗完脸后发现妈妈的饭还没有做好，于是孩子就在饭桌前坐着，一直等到妈妈做好饭。其实类似这样的画面常常在我们的生活中出现，虽然零散的时间看起来很短，但是一天、一个月、一年累积起来的话，它的总和是相当可观的。

美国近代诗人、小说家和出色的钢琴家艾里斯顿善于利用零碎时间的方法和体会颇值得借鉴。

艾里斯顿写道：当时我大约只有14岁，年幼疏忽，对于爱德华先生那天告诉我的一个真理，未加注意，但后来回想起来真是至理名言，从那以后我就得到了不可限量的益处。爱德华是我的钢琴教师。有一天，他给我上课的时候，忽然问我每天要花多少时间练琴。我说每天大约三四个小时。

“你每次练习，时间都很长吗？是不是有个把钟头的时间？”

“我想这样才好。”

“不，不要这样！”他说，“你将来长大以后，每天不会有长时间的空闲。你可以养成习惯，一有空闲就几分钟几分钟地练习。比如，在你上学之前，或午饭后，或工作的休息余闲，五分钟五分钟地去练习。把小的练习时间分散在一天里面。如此弹钢琴就成了你日常生活中的一部分了。”

当我在哥伦比亚大学教书的时候，我想兼职从事创作。可是上课、看卷子、开会等事情把我白天、晚上的时间完全占满了。差不多有两个年头我不曾动笔写过一字，我的借口是没有时间。后来我想起了爱德华先生告诉过我的话。到了下一个星期，我就把他的话实验起来。只要有五分钟左右的空闲时间我就坐下来写作一百字或短短的几行。

出乎意料的是，在那个星期的终了，我竟积累了相当多的稿子可供我做修改。后来我用同样积少成多的方法，创作长篇小说。我的教授工作虽然一天比一天繁重，但是每天仍有许多可供利用的短短余闲。我同时还练习钢琴，发现每天短短的间歇时间，足够我从事创作与弹琴两项工作。

由此可见，**提醒孩子充分利用零碎时间也是帮孩子建立时间观念很重要的一部分**。例如，父母可以让孩子写下一些古诗或者单词，贴在他刷牙、洗脸就能看得见的墙壁上；上下学的路上，家长可以引导孩子一起回顾课上学习的知识，或者和孩子约定一起背几个单词，背下来就给予一些小奖励，用以提高孩子的积极性等。当然这些做法都要在和孩子提前商量好的前提下，不要让孩子感觉父母在“逼迫”他学习。

当孩子能自如地运用时间，他的时间观念和学习动力就会越来越强。简单来说，父母要把看不见、摸不着的时间和孩子的生活密切联系起来，直到他把这个习惯深深地刻在自己的脑海里，他就能成为时间的主人。

## 父母凡事替孩子安排好，会给孩子造成哪些影响？

### 因为孩子没有时间意识，父母才凡事包办

在很多父母眼中，孩子还小，没有自己安排事情和分辨事物的能力，连时间观念都没有，更别说自己安排时间了。所以很多孩子的学习、生活都由父母一手安排。虽然完全按照父母的安排做事的孩子在初期看不出来有什么不同，但是父母作为孩子时间的监管者，不是每时每刻都能陪伴着他。当父母不在身边，出现一些突发状况时就很容易出现问题。

同事的儿子洋洋小学期间的学习都是由妈妈来安排的，上了初中以后，洋洋在一所寄宿学校读书。学校有了晚自习，洋洋因为没有时间观念，有时候在晚自习时会看一些课外书，因此耽误了写作业。在生活上亦是如此，有时候连洗一件衣服都要花费一个小时的时间。

这是生活中经常会发生的、很典型的一个案例，洋洋就是因为缺乏自我管理时间和生活的能力。小时候每天和父母在一起，父母的安排无微不至，他全部的个人时间，什么时候做什么，下一个时间段的计划是什么，父母都会帮他安排得井井有条。在父母的安排下，洋洋确实也执行得按部就班，看上去真的是个乖孩子。可是一旦离开了父母，自己有了空闲时间，他的问题就会逐渐显露出来。

所以，父母在面对孩子没有能力自己安排时间的问题上就要进行反思，究竟是因为孩子没有时间观念，我们才必须要帮他们把什么都安排好，还是因为我们把什么都安排得太好了，他们才逐渐丧失了这部分能力？

答案显而易见，就是因为孩子觉得反正什么都不用我费心，不用我管，我爸妈都帮我想好了，才会让自己的主动性越来越退化。但也不是说不让家长凡事替孩子安排好，就是撒手不管。对于一些天生时间观念就很强的孩子来说，父母可以尝试保持观望态度，确定孩子做事情真的有条不紊，就可以完全放手让孩子自己来安排时间和生活。但也有一部分孩子在最初没有建立时间观念时，如果让他自己安排时间的话，他就会处于一种很迷茫的状态，或者出现安排得极其不合理的情况。这时候父母就可以向孩子有意识地分享自己的时间安排，并给孩子讲解这样安排的原因，起到引导作用。但父母一定不要借机教育和指责孩子时间安排欠妥当，这样会使孩子直接产生逆反心理。

## 父母要对孩子的尝试给予肯定

当父母和孩子分享自己的时间安排后，孩子可能会对安排自己的生活和时间跃跃欲试，就算他暂时没有安排的打算，父母也不要一直提醒或者催促孩子来做这件事。而应该换种方式鼓励他尽量尝试，选对鼓励时机也是很重要的。

**鼓励时机应该根据孩子的实际情况来定，**比如，年纪小一点儿的孩子，在早上上学之前的这一段时间里，父母就可以引导他回忆或者安排自己几点起床，包括起床后需要做的事情，做每件事情需要花费的时间，几点出门上学……这对孩子来说，是很新鲜的事情，也是一个很好的锻炼机会。

在这个过程中，孩子的某些安排在父母看来可能是不合理的，但父母也不要对孩子安排得好坏进行评价，更不要在觉得不妥的地方进行指责，要着重看他安排合理的地方，并进行鼓励，或者可以这样说：“妈妈觉得你这个地方安排得很合理，你是怎么考虑的呢？”从而对孩子的思维进行引导与梳理。

孩子在成长过程中，犯错误是一个必经的过程，他也会碰壁，面临危机，父母一定要给予孩子鼓励，而不是批评，肯定孩子的每一次努力和付出。这样当孩子遇到困难的时候，才有再去尝试的勇气。

孩子的思维终究是不成熟的，不可能面面俱到，这是很正常的，这些经验和经历都需要慢慢积累。身为父母，要给他成长的时间和空间，不能自己觉得不合理就直接说：“你这个肯定行不通。”这样一句否定的话，在孩子看来是完全不可取和没有逻辑的。因为孩子不明白你为什么这样说，他都没有尝试过就直接被你否定了，这对他来说是不被尊重的表现，会让他的执行力大打折扣，从而对这件事丧失动力。

没有家长能陪伴孩子一生，所以千万不要过多地干涉孩子的时间安排。也就是说，要在孩子需要自己安排时间的时候给予鼓励，才能让他积极、主动地去做事。家长要耐下心来，关注其成长，鼓励他调整不合理的时间安排。不要因为看到孩子出现了问题就直接剥夺他安排时间的权利，又做回凡事包办的父母。

## 建立有效的时间表，使孩子告别漫无目的的生活

### 有目标就会事半功倍

古人说：**“凡事预则立，不预则废。”是说无论做什么事情，计划的重要性是不言而喻的。**我小的时候就不明白，为什么其他小孩儿明明和我一样在玩，他们的成绩却比我优异，而我的成绩一直不温不火。后来我才发现，原来问题出在别人都是有计划地做事，什么时候玩，什么时候学习，都安排得十分妥当。可我是一个不善于计划的人，别人找我玩的时候，我就跟着玩，别人回家学习去了，我还在玩。

一位哲学家漫步在田野里，发现水田当中新插的秧苗就像军队一样笔直、整齐，他十分好奇，于是走过去向农夫请教。

“请问，为什么你的秧苗插得这样笔直？”

“自己拿一把秧苗插插看。”农夫忙着插秧，头也不抬地回答他。

哲学家来了兴致，立刻卷起了裤脚开始插秧苗，结果插完抬头一看，参差不齐，与农夫插的秧苗相比差了十万八千里。

“为什么我插得歪歪扭扭，这是什么原因？”

“因为你在插秧苗的时候，没有一直盯住一样东西。只要找一个参照物，就能插出笔直的秧苗。”

哲学家听取了农夫的建议，这次稍有提高，没有那么惨不忍睹了，可是却也是一条弧线。

“你是盯住了一样参照物插的秧苗吗？”农夫问哲学家。

“是啊，我盯着水牛插的啊。”哲学家回答道。

“水牛一直在动，不是吗？”

哲学家这才恍然大悟，他找了远处的一棵树作为参照物，果然插出了一排笔直的秧苗。

虽然农夫看起来没有哲学家有智慧，但是他懂得找参照物和目标，所以做事就会事半功倍。简单地说，**计划就是把茫然、盲目的现象压制到最低限度，把有限的时间和精力攻于一点**。

教育家不止一次指出：**小学阶段是习惯养成的关键时期，从小培养良好的习惯对于孩子今后的学习和生活都有很大的优势**。所以父母要帮助孩子建立一个适合他的学习计划，和孩子一起对他的学习和生活做出一个全面的安排，从而让孩子调整好自己的状态，告别漫无目的的生活。

## 合理的计划会让孩子应对自如，大大减少对时间的浪费

大部分的小学生集中注意力的时间是十分有限的，所以对于小学生来说，最好先从短期计划开始。短期计划执行起来比较容易完成，这不会让孩子一开始就产生畏难情绪。家长在引导孩子做计划时要尽量全面，最好从早上起床开始，让孩子思考每段时间的安排。安排的内容可以由父母引导，但一定要记住给孩子加上娱乐的时间，这一点最好由父母主动提出来。

短期计划的好处在于制订时不会耗费孩子太长的时间。**做计划的目的是为了让孩子执行计划，所以一切内容都要以他自身能接受的程度为前提，不能依靠家长单方面的想象来制订计划，不然很容易造成三分钟热度的现象**。如果让孩子自己来制订计划，大部分孩子还是

较有兴致的。在制订的过程中，家长需要注意的是制订计划大致可以分为如下几个方面，但也可以根据每个孩子的不同状况做出相应的调整：

第一，早上和上下学路上时间的应用；

第二，完成老师布置的作业；

第三，预习或者背书、看课外书、锻炼身体可以取其一；

第四，孩子自由娱乐的时间；

第五，洗漱、上床睡觉的时间。

满足这几方面，一个小小的计划框架基本上就构建好了。家长可以和孩子一起行动起来先尝试做一个计划。

真正开始制订计划的时候，家长要和孩子一起认真安排每一个细节。首先，让孩子有一个认真的态度。计划列出来后，家长可能会发现孩子列的计划中有一些不是很有用，或者多余，家长要协助孩子一起看看计划是否合理。但是不要急于直接否定孩子，要先问问孩子这么安排的原因，侧面帮助孩子理清思路。在这个过程中让孩子根据自己的意愿去纠正错误。其次，家长要看看孩子安排的每一项事情的时间是否合理。可能一些孩子会把学习的时间缩短，把娱乐的时间安排得很宽裕。家长要尊重孩子的想法，拿出一天的时间让孩子感受自己的安排是否可行。

## 总结经验教训，合理利用周末时间

通过制订周一到周五的短期计划，在执行了几天后，家长可以专门挑选一个合适的时间，和孩子一起总结一下这其中出现的经验、教训，并且一起修正，以保证计划的顺利进行。

这个时候家长首先要肯定孩子在执行计划中做得好的部分，给予一定的奖励。奖励可以是孩子喜欢的一本书，也可以是孩子想要的一个不是很昂贵的玩具等。通过这种方式调动孩子的积极性，让他感受到努力和坚持的好处。

总结了短期的计划后，家长就可以让孩子开始安排自己的周末时间了。虽然周末不是很长，只有两天，但是却和平时上学的时间安排大相径庭。因为不像平时上学时每一节课的时间都安排得井井有条，孩子很容易在周末撒欢。孩子的考虑始终是不全面的，时间多起来后，很可能会陷入一种理想状态，就是盲目地“以为自己能完成”。

所以，家长首先要引导孩子写出周末这两天“想做的”和“必须要做”的事情。比如，完成学校的作业和参加绘画班，或者计划好去外婆家等，这些就是他必须要做的事情。他想做的事情可能是和同学一起玩轮滑，或者打游戏。把事情分成两类之后，让孩子分别写在纸上，再和孩子一起估算每件事情大约需要花费的时间。有一个时间的预估之后，再把这些事情按照时间的顺序写在纸上，贴在醒目的位置以便孩子执行。

# 孩子的生活没办法自理，等于不会时间管理？

## 孩子的自理能力是否与年龄成正比？

时间管理顾名思义就是利用时间合理安排事情。一个能合理安排事情的人，往往是一个思维清晰的人，一个思维清晰的人的生活也大多是井井有条的。很多家长认为孩子的自理能力会随着年龄的增长而提高，或者觉得孩子现在学习要紧，哪有时间去考虑一些无足轻重的事情。因而，在家长的纵容下，孩子从小的时候开始，就不会主动收拾自己的玩具，学习的书本也随处乱放，找不到的时候大声叫喊，甚至哭闹，长大了不会洗衣服、做饭……

很多孩子上了大学后因为生活不能自理而上新闻的比比皆是。

有新闻曾报道过一个大学生，入学不到一学期，却因生活不能自理而被迫休学！小珠是一名成绩优异的学生，出生在一个小县城，她是那个小县城第一个考上大学的考生。整个县城到处挂满了她的横幅，同时还有很多人全额赞助她上大学。

小珠的父母都是老师，小珠的家庭条件虽然谈不上大富大贵，但父母也给她营造了衣食无忧的生活环境。孩子自幼表现出对书本的喜爱以及无与伦比的领悟能力，让作为老师的父母甚是欢喜。小珠每天放学回家，老两口还会单独给她“开小灶”，周末给她报各种补习班。为了让宝贝女儿专心学习，老两口不让她做任何学习之外的事情。洗衣服、扫地、家务活……甚至连最基本的早上起床穿衣服、吃饭，都是由妈妈来做。每次都是妈妈给她喂饭，她看书。

小珠的父母觉得这样做比较节省时间，在这样的环境下长大的小珠当离开父母，上了大学后，早上起来没有人给她穿衣服了，她不知道该穿什么衣服，甚至连吃饭她都不知道要怎么吃，怎么打饭，洗衣服怎么洗她也不会，她的世界突然间彻底颠覆了，导致直接退学回了老家。

**生存和生活是比在学校上课学习更基本的事情。**小珠全家都以为他们这样做替小珠节省了时间成本，能让她全身心投入学习中，提高学习效率。可是**时间管理并不单单指书本上的学习**，如今她只能回家补上这堂生活课。

自理能力并不是一项本能，它不会随着年龄的增长而提高。它是一项能力，一项也需要我们一点点学习总结才能提高的能力。

## 孩子的生活不能自理，是谁的责任？

儿童心理专家皮亚杰认为，心理既不是起源于先天的成熟，也不是起源于后天的经验，而是起源于主体的动作。即**动作是认识的源泉**，是主客体相互作用的中介。研究也表明，人体的肌肉记忆跟人的智力水平密切相关。也就是说，多动手不但可以提高孩子的生活自理能力，还可以提高孩子的智力水平。

从上面的案例我们可以得出，父母什么都替孩子做了才是孩子的生活不能自理的主因。替孩子穿衣服、给她喂饭、帮她洗衣服、整理书包……父母这样做无形中破坏了孩子正常的成长规律。哈佛大学一项长达20年的研究也向我们表明，爱做家务的孩子跟不爱做家务的相比，就业率为15: 1，收入前者比后者高20%，而且婚姻更幸福。

也就是说，有的父母以为孩子做这些事情会浪费他的时间，实际上替孩子凡事包办才是浪费他的人生。每个孩子无论面对什么都要经历学习和习惯的过程，是不可能一蹴而就的。在孩子小的时候，如果父母觉得让孩子收拾东西又慢、整理得又不整齐，别让他浪费时间了，长大后他就学会了，殊不知这样就大大地减少了孩子学习新鲜事物的时间。

我们经常可以看到有些孩子上学忘记带作业，想用铅笔的时候翻遍书包都没有，美术课的书错带成其他科目，鞋带开了不会系，任由鞋带在地上耷拉着回家再说，还有些孩子不会剥鸡蛋，甚至以为鸡蛋不用剥皮就可以吃……这些生活自理能力极其缺乏的孩子，他的学习能力也必然是欠缺的。如果父母一直持续帮孩子做所有的事，孩子就会逐渐成长为一个巨婴，长大以后这样的孩子在社会上是很难自处的。

## 如何培养孩子的自理能力

当家长意识到这个问题之后就要开始逐步培养孩子做家务的能力了，从穿衣服、洗袜子、整理书包、整理文具开始，家长要一项项地教给孩子，不能直接放手让他去做。**无论是多么简单的一件小事，孩子也要有个接受和学习的过程。**

家长首先要有耐心，比如洗袜子，家长可以适当地和孩子沟通，怎么洗才能洗干净。如果孩子第一次就洗得很干净了，家长可以用引导的方式问他：“你是怎么做到第一次就洗得这么干净？”孩子很有可能不知道怎么洗，误打误撞洗得看起来好像很干净，通过家长的询问，他首先会肯定自己，下一次会洗得一样干净或更干净。

其次，如果孩子撒娇、耍赖，就是不想自己来做，此时家长不能心软，一定要坚持原则。这种“坚持”不是疾风骤雨般的坚持，而是温柔地坚持自己的原则，让孩子自己来完成日常生活中的小事，在这些锻炼中逐步完善自我。

随着孩子做事能力的提高，家长也可以适当地教孩子做一些力所能及的家务，比如拖地、洗碗……只要家长在让孩子做事时不是用命令的口吻，也不否定他的劳动成果，孩子一般都会愿意去做。当孩子做完一项家务时，家长可以给予一定的鼓励，把道理向孩子讲清楚。

孩子拥有良好的自理能力有利于自信心、自尊心、责任心、自主性、独立性、创造力、自我价值感等的提高。在这个过程中，家长也会发现孩子在无形中磨炼了意志，学会了承担责任，也会在事情完成后获得成就感，同时增强自信心。从长远来看，对孩子身心各方面的发展都是非常有益的。

# 为什么大部分孩子都无法按部就班地执行时间表？

## 可能是时间表出了问题

很多父母在陪孩子制订好时间表之后，都会出现一系列问题，其中最常见的就是孩子十分配合地和父母一起制订了时间表，可是却不执行。大部分父母都会用催促和质问的方式来解决问题，却始终没有想过孩子不执行时间表是不是因为时间表需要进行适度的调整？

**许多孩子在制订时间表的时候最常走进的误区就是目标不明确和自我认知不足**，他们不知道自己的实际能力，比如，原定7点前写完语文作业，然后再开始写数学作业，每一项都安排得很紧凑。可是7点半才完成语文作业，这样一来所有的计划都要往后拖延，很容易就把时间表上的计划变成不易操作且难以实现的空谈，而且孩子的内心也会受挫。

美国心理学家格维尔茨有一个著名的成败效应理论，说的是一个人的学习兴趣不只和任务的难易程度有关，而能让人获得成功的愉悦的是一个人通过自己的努力克服困难达到成功的感觉。但如果一个人本身的能力有限，却给自己定了很高的目标，自己努力了之后却一直失败，失败的次数多了以后，他就会逐渐厌倦自己正在做的事。所以，如果一个孩子自我认知不明确，却定了一个很难一次实现的目标，当他达不成目标时，就会产生挫败感。这样的计划表不仅起不到任何促进学习的作用，还会起反作用。

所以家长在最初和孩子一起制订计划表的时候一定要根据孩子的实际情况量力而行，要告诉孩子不积跬步，无以至千里，把大目标分解成一个个容易实现的小目标。但计划也不能太简单，太简单的计划起不到促进学习的作用。

如何考量一个孩子的实际情况呢？首先，要和孩子一起了解学习过程中掌握的知识情况，有条理地分析出需要多下功夫的知识点有哪些。其次，要看孩子现阶段学习的难易程度，以此来判定孩子的学习时间和自由时间的分配比例。最后，要以课堂内容为依托，不能与课堂的学习脱节。不过我们常常说的一句话是“计划赶不上变化”，很多计划在具体执行起来时都会发生一些变化，所以在制订计划的时候一定不要把计划安排得太紧密、太死，不然无法应付临时变化，计划就非常容易半途而废，让孩子无法坚持。

## 家长要督促孩子执行时间表，没有例外

除了上面我们提到的时间表在制订的时候，由于孩子错误估量自身的实际情况把目标设定得太高，导致孩子产生半途而废的心理。还有一种情况是，孩子长此以往已经养成了懈怠的习惯，很难坚持做一件事，即使他和父母一起制订了时间表，他也觉得这个时间表和自己关系不大，是给爸爸妈妈制订的。此时身为父母，不能被孩子的表面现象所迷惑。孩子们都很会看父母的眼色，到了规定的时间，他们不想按照时间表上面的安排去做，这个时候他们的内心往往都在暗中观察父母对这件事的态度，所以此时父母的做法尤为关键。

心理专家表明，在这个年龄阶段的孩子做事的态度都基于父母对这件事情表明的态度。比如，明明已经安排好了周末的计划，前一天晚上他没有按时上床睡觉，孩子的爸爸说："今晚你可以不用按时睡觉，反正明天是周末，可以晚点儿起来。"孩子听了爸爸的话，当然很开心，于是玩到很晚才睡。第二天睡到了中午才起床，于是时间表上面的计划只能全部被打乱。等到周一要上学了，孩子晚上又不想睡，早上不

想起,于是妈妈开始批评他。

这是一个很典型的案例,这难道真的是孩子的问题吗?眼前的晚睡晚起真的是对孩子的爱吗?

从科学的角度来说,熬夜会导致孩子的身体内分泌紊乱。曾有一个调查显示,我国儿童睡眠障碍的报告率为35.1%,有将近七成的中小学生睡眠不足,对儿童的身高、记忆力和学习能力都产生了负面影响。孩子在很小的时候就会形成自己的生物钟,熬夜和晚睡会导致孩子日常的生物钟紊乱、上学的时候精神不振、无法集中注意力听课……由此形成一个恶性循环。所以,父母在这个阶段一定要表明自己的态度。

小学生集中注意力的时间是很短的,做什么事都受到约束对他来说是很煎熬的事情,他们很容易因为一点点原因就产生动摇。所以,对于不能好好执行计划的孩子来说,父母一定要在此期间对他们不停地进行鼓励,给孩子灌输一种执行计划并不困难的意念。比如,父母可以对孩子说:“可能你背一百个单词听起来很难,可是我们每天一起背十个,互相考,来比赛,等到第10天时就自然背会了一百个单词。学习是一个积少成多的过程,等背会这一百个单词,我们就一起去吃一顿大餐。”身为父母,如果给予孩子信念和勇气以及奖励,他们就会很容易想要继续执行计划表。等到第10天的时候,一定要按照之前的约定带孩子去吃一顿大餐,并且通过这件事告诉他每天做一点点看似微不足道,但最终难以实现的目标都实现了。就像我们去爬一座山,我们不能一直盯着山看真的好远，而是要盯着脚下的每一步。之所以能爬到山顶，就是这样一步又一步积累起来的而已。

在这个过程中，父母千万不能随意批评孩子没有毅力等，一定要耐心地分析孩子的表现，找出问题的根源，帮助孩子继续执行计划。经过时间的发展，执行计划带给孩子的变化一定会慢慢显现出来，当孩子意识到自己的努力没有白费都有回报的时候，他就会自然而然地爱上时间管理，从而自主地将这种方式应用到自己的生活中。

# 孩子总把时间“浪费”在无用的事情上怎么办?

## 对孩子来说，玩是否真的有那么重要?

“我们家孩子每天就变着法子想着玩。”说到玩，很多父母都十分抵触，在他们的印象里，小孩子每天就想着玩，从来不想着做些有意义的事情，孩子之所以不爱学习都因为贪玩的缘故。尤其是一到了双休日，孩子们上了五天学，都想在周末尽情释放自己，出去玩。可是身为父母为此就会忧心忡忡，现在小学生的学习竞争力已经很大了，其他孩子周末都去上补习班或者提高班，我们家孩子什么都不想学，就想出去玩。可能有时候就是和几个小伙伴一起在外面疯跑，还有可能一起玩个过家家……这样一定会被别人家的孩子远远超过，而且他们玩回来还会换下一堆待洗的脏衣服，可能还会发生危险，还有就是作业什么时候写，都堆到周日晚上点灯熬油补作业吗？大多数家长都十分费解，玩对于孩子来说真的有那么重要吗，有什么好玩的呢？

首先，我们可以换位思考一下，当我们在上班的时候是不是也想着周末好好释放休息一下呢？答案是肯定的。孩子和我们一样，他们经历了周一到周五的紧张学习，就盼望着周末可以出去肆意玩耍。而且我们会发现，每当孩子从外面玩回来，或者自己玩了一会儿之后，他们的精神状态完全不一样，通常都会兴高采烈地和我们分享他们又认识了哪个新朋友或者玩过家家时扮演了什么角色，等等。这样的玩儿让他们把一周的学习压力与疲惫一扫而空，再次拥有高效的学习效率。

为了研究“玩”的意义，心理学家约翰·蒙尼曾用猴子做过一个著名的实验。他把几只活泼的小猴子隔开单独关在一个笼子里，不让它们跟其他猴子有玩耍、接触的机会。结果这些被剥夺了玩耍机会的小猴子随着时间的推移，在性格、行为习惯上，明显比那些没有被隔离的猴子更加孤僻、木讷，有时还会表现得敏感、易怒、暴躁。

这个著名的实验，让教育家们开始正视一个问题：**玩耍对孩子来说，可能也具有非常重要的意义。**

每个孩子在成长的过程中，到了不同年纪自然而然都有与这个世界产生的联系，比如，在幼儿时期，孩子会通过把东西放进嘴巴里来感受它们的质感。如果孩子得不到正确的引导与满足，今后就会在性格、习惯上产生不良影响。而孩子在童年阶段最重要的“工作”就是玩耍,童年丧失了玩耍时间的孩子,在未来的成长道路上会缺失很多乐趣,更容易变得呆板、木讷。

## 会玩的孩子,未来才更有竞争力

现代心理学家通过研究发现,孩子童年世界的体验并非如成人所见那样简单,它是一个复杂而艰难的过程。一个孩子有时会不可避免地陷入恐惧、焦虑和失败等心理情绪之中,但**玩是帮助孩子构建人格和医治创伤的有效途径。会玩的孩子会更主动**。当孩子处在一个没有压力、自由自在的环境中时,相比那些从小不怎么玩和不会玩的孩子,会更有创造力,性格也更加完善。

丰子恺说:“正当的游玩,是辛苦的安慰,是工作的预备。”爱迪生小时候对什么都感兴趣,对自己不了解的事物总想试一试,弄个明白。有一次,他看见花园的篱笆边有一个野蜂窝,感到很好奇,就用棍子去捅,想看个究竟,结果脸被野蜂蜇得肿了起来,但他还是不甘心,非要看清楚蜂窝的构造才行。爱迪生后来成了举世闻名的大发明家。

动物行为学家古道尔曾经说过:“闷热的鸡窝常常和我们儿童时代的回忆交织在一起。小时候,我曾钻进鸡窝一直待了五个钟头,为的是要看看母鸡究竟是怎么下蛋的。”

伟大的物理学家牛顿看到苹果熟了掉在地上很好奇，他想：地球上的东西失去了支持后为什么都掉到地上，而不向其他方向掉呢？最终，他发现了万有引力定律。

……

爱玩是每个孩子的天性，毫无疑问，上面的几位名人在童年时代充分玩耍的时间没有被剥夺、打扰，否则也不会有后来的伟大发明、发现。马云曾在数据峰会上说："现在的社会，如果我们还是继续以前的教育方法，让我们的孩子从小记、算、背，而不让孩子去玩、去体验自然，那么我可以保证，30年后这样的孩子找不到工作！"这段话一夜间不知道震惊了多少家长。这并非危言耸听，按照目前社会的发展态势来看，未来，机器的发展会完全取代人类的很多工作，一些专门计算、死记硬背、流水线的工作都会被大面积替代。那什么样的人是机器完全取代不了的呢？就是我们人类的智慧、创造力以及情感，这些特质并非完全都是天生的，光靠一味地硬性学习和输入也是很难掌握的，只能在孩子小的时候，在无数次玩耍中，在和大自然的交流中逐渐培养、建立起来。

## 引导孩子把玩当成学习的一种方式

对于孩子来说，玩是生活的重要组成部分，家长不能剥夺孩子玩的权利，在孩子玩的时候一定要给予他一定的空间。教会孩子刻苦学习固然重要，但是过度地刻苦会透支人的精气神。父母不仅要给孩子营造一个快乐的童年，更要为他们的成长打下可持续发展的根基。

曾经有人问过我一个问题：“是让孩子学得早重要，还是学得多重要？”我回答：“学得多重要。”接下来那个人又问我：“那么是学得多重要，还是学得快和学得轻松重要呢？”我当时陷入了沉思。相信很多父母在面临这个问题的时候都会陷入思考，学得早不如学得多重要，学得多不如学得快重要，学得快不如学得轻松重要。而我们太早对孩子进行知识的灌输，虽然看似是让孩子赢在起跑线上，但是这种填鸭式的灌输，会大大地损伤孩子对学习的热情和对世界的好奇心。但是玩可以有效地促进孩子的智力发展，激发孩子的求知欲和好奇心，而这些特质在孩子漫长的人生中才是至关重要的，因此父母要知道此时孩子玩绝对不是在浪费时间。孩子的学习和成长是一场马拉松，拥有持久力才是赢在终点的必要条件。

如果父母既不想让孩子迷失在玩里，又不想让孩子的成长大打折扣，那么最好的方式就是陪孩子一起玩。只有会玩的父母才能教出会玩的孩子，一个会玩的孩子就不会在玩里迷失自我。陪孩子一起玩是一项重要的亲子活动，但是大多数情况下如果孩子玩的东西父母并不感兴趣，父母索性就会让孩子自己玩。那么如何才能陪孩子玩得开心呢？这就需要父母先找到一些适合孩子年龄阶段的玩法以及一些有趣的游戏，根据孩子自身发展的特点和规律进行调整，比如，孩子做事时粗心大意，父母就可以和孩子玩“找碴儿”类的游戏，让孩子找出两幅图中的不同之处，这样就可以锻炼孩子的专注力和细心程度。在陪孩子玩的同时，既培养了亲子关系，也不会因为玩让他迷失自我。

很多父母总觉得玩就是玩，学习就是学习，应该把这两件事区分开来。可实际上父母在和孩子玩“找碴儿”游戏的同时，直接把玩变成了学习，看样子好像在玩，实际上是在培养孩子的专注力。所以父母大可在孩子爱玩的这件事上放松心态，把注意力从不让孩子玩转移到引导孩子一起玩上面才是最重要的。

# Chapter 3

## 管理时间的同时，要教会孩子提高学习效率

# 孩子看起来非常用功，但成绩就是上不去

## 什么是孩子要做的事情？

当我们和孩子一起制订好时间表之后，会发现一个问题：孩子有时候分不清在什么时间段要做什么事情。他们想做的事情也并非是应该、马上要做的事，他们对时间的把控还没有一个很好的全局观。很多孩子每天看似很忙，时间表也排得满满当当，十分用功，但是成绩就是没有任何起色，这样的孩子最大的特点就是分不清事情的轻重缓急。

很多孩子主动去做的事情都是自己想做的事情，他们会自然而然地对自己喜欢的、好玩的事情感兴趣，这是孩子的特点。孩子喜欢或希望做的事，一般都是好玩的，他们比较喜欢自己拿手的以及会让他们有成就感的事，比如，孩子数学很好，可能就会很爱写数学作业。只要是让孩子感兴趣的都是他希望做的，这也是他分不清事情的轻重缓急的原因之一。而必须要做的事情大部分都是很紧急或者限定孩子在一定的时间内必须完成的事情，这样的事情会让孩子很受限制，内心也会感到压抑和紧张，所以很多孩子下意识地就会避免这一类事情。**作为家长先要引导孩子区分他喜欢、希望做的事和必须要做的事之间的差别，再依次引导孩子在必须要做的事情中找出不同紧急程度的事情来排序。**

## 为什么要教孩子把事情进行排序？

20世纪初，意大利统计学家、经济学家维尔弗雷多•帕累托提出了一个震惊经济界的**“帕累托定律”**。这个定律是说**在任何特定群体中，重要的因子通常只占少数，而不重要的因子则占多数。因此只要能控制具有重要性的少数因子即能控制全局。**换句话说就是，80%的公司利润来自20%的重要客户，其余20%的利润则来自80%的普通客户。而在时间管理方面也是一样的，80%的有效工作往往是在20%的时间内完成的，而20%的工作是在80%的时间内完成的。

所以，为了提高孩子的学习效率和时间利用率，我们要引导孩子把最佳的、最有效的时间花在那些最重要的事情上，减少花在没有效果或效果很差的事情上的时间，这就是我们上面说到的做事要分清轻重缓急。

在时间管理领域，流传着这样一个著名的故事。

20世纪初期，伯利恒钢铁总裁查尔斯•施瓦伯抱怨时间太少、工作做不完。他花掉了大量的时间应付一些细节和不重要的事，根本就没时间去思考更重要的事情。他向李•艾维请教，该怎么做才能摆脱此困境。

李•艾维说，可以在10分钟内给施瓦伯一样东西，这东西能把他公司的业绩提高至少50%。不一会儿，李•艾维把一张白纸递给施瓦伯说："把你明天要做的最重要的6件事写在这张纸上。"

过了一会儿，他又说："现在用数字标明每件事情对于你和你公司的重要次序。"这花了施瓦伯大约5分钟时间，李•艾维又接着说，"现在把这张纸放进口袋。明天早上第一件事是先把纸条拿出来，只看第一项，并立即办第一件事，直到完成为止。然后用同样的方法对待第二项、第三项……直到你下班为止。即使你只做完前五件事，那不要紧，因为你总是做着最重要的事情。"

李•艾维又说："以后每一天都要这样做。直到你对这种方法的价值深信不疑，再叫你公司的人也这样干。这个试验你爱做多久就做多久，然后给我寄张支票来，你认为值多少就给我多少好啦！"

这位钢铁公司的总裁试过李•艾维建议的方法后，觉得这个方法太有效了，就向同事大力推荐。几个星期以后，施瓦伯给李•艾维寄去了一张2.5万元的支票（这在当时算一笔巨额款项）和一封信，信上说，从钱的观点来看，那是他一生中最有价值的一课。后来，施瓦伯坚持使用这套方法，在5年时间里，伯利恒钢铁公司多赚了几亿美元，这个当年不为人知的小钢铁厂逐步成为世界上最大的独立钢铁企业。

后来，施瓦伯的朋友问他为什么给这样一个简单的点子支付这么高的报酬，施瓦伯提醒他的朋友注意："因为事实证明，不是我给多了，而是给少了，它至少价值百万。这是我学过的各种所谓高深、复杂办法中最受益的一种，我和整个班子第一次拣最重要的事情先做，我认为这是我的公司多年来最有价值的一笔投资。"

通过上面的故事我们可以发现，教孩子学会区分事情的轻重缓急是多么有效且重要的事情。孩子只有知道自己该做什么，先做什么，才能合理安排自己的时间，使学习和生活事半功倍。

## 四象限时间管理原则

美国的史蒂芬•科维按照事情的轻重缓急提出了"四象限时间管

**理”**原则，他把要做的事情分为四块，分别是：**重要且紧急、重要而不紧急、紧急而不重要、既不重要也不紧急**。父母在教孩子区分做事的轻重缓急时，也可以直接拿一张纸和孩子一起画出象限，分别把要做的事情根据重要程度填进不同的象限里，这样一来要做的事情就一目了然了。

首先，父母要形象地告诉孩子这四种象限的重要程度。第一象限：重要且紧急的事情。这类事情是要求孩子马上去做的事情，具有紧迫性，没办法回避，更不可能拖延，是让孩子必须优先处理的事情。比如，孩子第二天上学老师要检查的作业，明天要考试今天必须要复习的内容等。第二象限：重要而不紧急的事情。这个象限的事情主要是为了发展以后必须要做的事情，偏重于培养孩子长期的习惯。比如，一天背十个单词。如果没有每天坚持，长期下来会造成一定的影响。第三象限：紧急而不重要的事情。这类事情通常都是事发突然，但是又无关紧要，不需要你本人出马，其他人也可以完成。比如，老师临时安排孩子完成画板报的工作，可是这件事其他同学也能完成。孩子着急去上补习班，那么上补习班对于此时的孩子来说就是重要而紧急的事情，所以画板报的事情就可以请其他同学帮忙去画，完成老师的指令。第四象限：既不重要也不紧急的事情。这个象限的事情就是可做可不做的事情，不会对孩子造成很大的影响。但是在这里父母要注意的是，不能完全按照自己的想法给孩子列出清单，让孩子直接执行，否则会扼杀孩子做事的积极性。

我们在上一节说了处理事情要根据“二八法则”的原理（即“帕累托定律”），所以这就要求我们根据这个原理来和孩子一起合理地安排每个象限需要花费的时间。第一象限的事情，引导孩子花20%~25%的时间和精力来完成；第二象限的事情，引导孩子用65%~80%的时间来完成。因为这是一个必须长期坚持的事情，所以花费的时间比较多。第三象限的事情，我们要做的就是教会孩子分清事情的轻重缓急，比如画板报，老师要的是一个结果，如果通过适当的行为可以得到相同的结果，花费的时间和精力相对来说就可以少一点儿，大概占到15%即可。第四象限的事情，所占用的时间就少得很，对于可做可不做的事情也不必太限制孩子一定不做。

当然，很多时候孩子的想法可能会和父母产生分歧，父母觉得重要且紧急的事情，孩子觉得不是很紧急，这个时候父母不能强制要求孩子必须听从自己的意见，可以引导孩子说出来为什么会觉得自己的那件事更重要？为什么觉得家长说的这件事不重要？只有了解了孩子内心真实的想法，我们才知道自己的判断是否有问题，从而在和孩子的交流过程中，顺势纠正他错误的认知。如果孩子的想法的确很有道理，那父母要给孩子足够的空间，尊重他的想法，逐渐在生活中有意识地培养孩子分清事情轻重缓急的能力。

## 孩子上课注意力无法集中，影响学习成绩怎么办？

### 注意力不集中的孩子，根本不清楚当下自己在做什么

大部分家长都会产生这样的困扰，孩子总是三心二意，上课时发呆发愣、东张西望不听课，在家里边看电视边想着玩游戏，想让他念首唐诗，他只有三分钟热度。还有一些孩子在写作业时，只要听到一点儿动静马上就会被吸引过去，忘了写作业的事情。集中精力的意思就是专注做一件事情，不分心。只有全神贯注地听课才能最大限度地掌握老师传授的知识点，但大部分孩子都很难做到这一点。

豆豆正在上三年级，全家人都十分宠爱她，可是她的学习成绩一直上不来。最近老师还和豆豆妈妈打电话交流了豆豆在课堂上的表现，老师说豆豆上课时不是东张西望、抠指甲，就是和同学交头接耳。有的时候看起来好像在认真听课，可是一叫她回答问题时，她就不知所云或者所答非所问。豆豆妈妈听到老师的反馈，十分困扰，平时也给豆豆报了补习班，可是豆豆的成绩就是没有任何起色。

像案例中豆豆这个年龄阶段的孩子，获取知识的主要途径就是在课堂上听讲，如果孩子上课三心二意、东张西望，听课的质量就会大打折扣，一节课下来掌握的知识也可想而知。有的孩子会和家长说“老师讲得不好”，可是相同的一节课、相同的老师，为什么大家掌握的知识不一样呢？其实孩子的智力大同小异，除去客观因素，原因在于每个孩子听课的效率是完全不同的。而影响孩子听课效率的原因无非两点：第一，孩子注意力不集中；第二，孩子真的不会听课。

现在我们着重讨论一下孩子注意力不集中的问题，原因主要有两方面：第一，身体原因。有些孩子偏食，造成许多成长元素缺乏；第二，缺乏运动。现在的孩子整天宅在家里，其实运动是非常有利于孩子各项能力的培养的。因为在运动的过程中孩子的肌肉、神经和感官都要相互配合，才能完成要做的动作。当孩子注意力不集中时，家长首先要看是不是身体原因导致的。方法很简单，家长可以通过观察孩子在做喜欢做的事情上的专注度，比如，打游戏、看电视等。如果发现孩子在做自己喜欢的事情上十分专注，那就能排除是身体原因；如果孩子在自己喜欢做的事情上也无法集中注意力，那么家长一定要对这件事引起重视，带孩子到医院咨询。

排除了身体原因就是心理因素造成孩子注意力不集中，专家研究显示：**一、二年级的孩子一般集中注意力的时间是10~15分钟；三、四年级的孩子集中注意力的时间是15~20分钟；五、六年级的孩子集中注意力的时间是20~25分钟**。所以，如果是在合理的范围内，那孩子的注意力是没有问题的，家长不用过度担忧，需要提升的是孩子的自控能力。但是，如果孩子连五分钟都无法集中注意力，那么家长就一定要重视起来。由于心理因素造成的注意力不集中有很多，比如，孩子和小伙伴的关系、师生关系或者亲子关系都会影响到孩子的专注力。还有就是因为在孩子小的时候专注做一件事的时候，父母经常打断他们的思路。此外，一些本该由孩子做的事情都由父母帮忙做了，比如，作业错了父母帮忙检查、上课没听懂请家教……这样一来孩子的专注力必然会下降，因为每一次锻炼都被他们避开了，时间一长孩子就逐渐形成了被动、依赖的习惯。

俄罗斯教育心理学的奠基人乌申斯基说：“**保持良好的注意力，**

**是大脑进行感知、记忆、思维等认识活动的基本条件**。在我们的学习过程中，注意力是打开我们心灵的门户，而且是唯一的门户。门开得越大，我们学到的东西就越多。而一旦注意力涣散了或无法集中，心灵的门户就关闭了，一切有用的知识、信息都无法进入。”如果制订好时间表后，孩子仍然无法集中精力做一件事的话，那么时间表上的计划就无法顺利地进行，提高孩子的学习效率和时间管理能力也就成了空谈。一旦父母发现孩子有注意力不集中的现象，就要仔细分析出问题的根源。在这个过程中不要着急下结论，也不要批评孩子，每一次批评都是一次对孩子的暗示。如果给孩子贴上了“我就是注意力不集中”的标签，后期就会对孩子的引导形成阻碍。只有父母的心态先放平和，才能找对方法引导孩子走出注意力无法集中的怪圈。

## 通过什么方法能让孩子注意力集中?

培养孩子的专注力也需要一些小技巧和小方法，**第一种方法就是培养孩子的兴趣**。兴趣是最好的老师，无论谁在做自己感兴趣的事情时都会很专注，就像孩子看漫画书、看动画片一样。有些孩子在上学前就看了很多书，当课堂上讲的一些知识无法勾起他的好奇心时，他就会开始溜号、心不在焉。对于这种孩子，我们可以把孩子的兴趣培养起来，采取诱导的方式来激发孩子。比如，想让孩子多背诵古诗，家长就可以给孩子买有文字提示的图画故事书，或者可以把一首诗的每一个字都拆分成不同小木块的文具，让孩子自己拼凑成一首诗，这种以玩为媒介的方法是十分可取的。逐渐地，孩子的注意力也会慢慢集中。

**第二种方法就是在游戏中训练孩子的注意力。**苏联的心理学家曾经做过这样一个实验：一组是让孩子在游戏中完成任务；另一组是直接完成相同的任务。实验结果表明，在游戏中完成任务的孩子坚持了71分钟，不玩游戏的孩子坚持的时间是22分钟。也就是说，孩子在游戏中的注意力集中程度是非常高的。家长可以找一个游戏和孩子一起玩，在游戏中培养孩子的专注力。

**第三种方法就是心平气和地和孩子沟通。**有时候孩子无法集中精力做一件事是因为他不知道做这件事的意义和目的。若孩子对正在做的事理解得更深刻，那么完成的愿望也就更加强烈，注意力维持的时间也就越来越长。如果孩子做什么都漫不经心，当你对他说背完这篇课文可以给他买一个他喜欢的小礼物时，他就会马上集中注意力背课文。

培养注意力的方法有很多种，无论哪种方法，经过训练，只要能让孩子的注意力集中就是好方法。在这个过程中，家长切不可训斥孩子，孩子在逼迫下是不可能有什么进步的。在前期的时候，孩子写作业注意力不集中，家长可以采取暗示的方式，比如，过去拍拍他的背，或者在桌子显眼的位置写上一些鼓励的小纸条，都是很有效的方法。

## 孩子一写作业就磨蹭、拖延怎么办？

### “写完作业还有那么多事要做，我为什么要写那么快？”

有一位家长曾问我：“我们家孩子一写作业就磨磨蹭蹭，本来也没有多少作业，可他就是一会儿上趟厕所，一会儿玩橡皮，一会儿喝一口水……为什么让孩子写个作业就这么费劲，你说早点儿写完作业练会儿琴不好吗？”这位家长眉头紧锁地向我讲述了自己儿子的事情，“我儿子真的快把我愁死了，他四年级了，每天写作业我都得在旁边看着，只要我稍微放松，他就马上跑出去玩。我看着他写，他也是磨叽，我必须要在旁边不停地提醒他。明明写完就可以玩了，为什么非要把作业写到睡觉前？明明15分钟就能写完的作业，非要写一个小时！昨天我心里的火气特别大，声音也大，孩子见我生气了就认真写了一会儿，可是没十分钟，又开始抠手指、玩橡皮……这些东西有什么可玩的？我每天都因为孩子写作业的事情生气！”

这位妈妈的经历，很多父母都感同身受，无比熟悉，那么我们有没有想过一个问题：为什么明明15分钟就能写完的作业，孩子一定要花一个小时甚至更长的时间来完成呢？我曾经看过这样一个案例，两个小学生放学一起回家，其中一个学生问另一个学生：“你作业写完了吗？”另一个学生说：“没写完，留了一点儿回家慢慢写，不然我爸妈又该让我学其他东西了，我可不想学。”这两个小学生的对话戳中了很多人的心窝。他们说得没错，如果他们很快地写完作业，父母一定会利用这些时间让孩子“全面发展”。孩子心里想的就是：我每天作业写那么快，然后还要做别的，也不能玩，我为什么还要写那么快？

每个孩子都喜欢玩，可是家长都希望孩子能少玩多学，认为如果把时间都用来玩就太浪费了。所以孩子写作业磨磨蹭蹭的原因就显而易见了，这么多做不完的事，还不如慢点儿做好。所以若想让孩子以后写作业不磨蹭，就要先问自己一个问题：孩子磨蹭的原因是知道即便写完作业也没时间玩吗？对于这一类孩子的对峙方法很简单，如果想让他们每天快点儿写完作业，就要让他们感受到自己“快得值得”，写完作业就可以去玩，这样对他们来说才“值得”，才有动力聚精会神地完成作业。

## “我不喜欢学习”

第二类孩子是对学习丧失了兴趣，他们不喜欢学习，已经产生了消极和抵触的情绪。这样的孩子在学习中没有得到过认可，无论怎么努力也无法取得好成绩。时间一长，学习和写作业就会变成一件让他们很痛苦的事情。他们很想逃避学习和写作业，可是却没有办法，所以写作业的时候磨磨蹭蹭、无精打采。对于这类孩子，父母不能一味地否定他们，一定要找到他们的优点，看到他们的努力，哪怕一点点，也要带着欣赏的眼光来鼓励孩子，这样孩子才能走出抵触学习的误区。

日本有一位很有名的小提琴教育家，他每年都能培养出700多名天才小提琴神童，在日本家喻户晓。

有一天，一位六岁孩子的母亲去找这位教育家说：“我的孩子学小提琴很多年了，可是没有什么起色，您能把我的孩子教出来吗？”

小提琴教育家看着这个六岁的孩子，说：“你来拉一首曲子让我听听吧。”

孩子一看到小提琴家，整个人都非常紧张，拉出来的曲子比平时还要难听，没想到教育家听后说：“你怎么拉得这么动听呀，能不能再拉一首给我听?”

小孩子听到教育家这么说，眼睛一亮，忙点头拉了第二首曲子。这一次拉得比上一次好了很多，但是也不十分悦耳，他的妈妈也并不满意。

但教育家却说:“你简直就是个小提琴天才!”

这位母亲在走之前问教育家:“先生，您怎么能在孩子面前撒谎呢?他拉得明明不怎么样，您却夸他是个小提琴天才!”

教育家很严肃地回答道:“你知道你的孩子心灵受伤了吗?我正在医治他的心灵。你有没有看到我第一次夸他的时候，他的眼睛亮了起来?这说明他的心灵已经受到了震动!”

从此以后，教育家开始指导这个孩子。几年以后，这个孩子举办了个人的小提琴音乐会。

案例中的母亲只看到了孩子拉得不好的地方，孩子一直以来接受的都是母亲的批评，内心受到了无数次的挫败与伤害。他是多么渴望得到别人的肯定啊!我们的孩子也是一样，如果他们一直努力却没有任何起色，家长还对他们冷嘲热讽，孩子就会越来越伤心，越来越沮丧，最后导致对学习产生厌倦心理。

没有一个孩子不希望看到父母鼓励和肯定的眼神，当他们身处迷途时，父母是他们人生的明灯和方向。我们可以对照自己家的孩子，如果孩子是因为这一点而不爱学习、不想写作业的话，父母绝对不能在这个时候把自己的负面情绪施加给孩子，一定要给予正确的引导、安慰和鼓励。

## 过分追求完美

除了上面两类让家长郁闷、跳脚的孩子以外，还有一类小孩儿存在轻微的拖延现象，过分追求完美。田田上三年级了，平时表现很优秀，作业也都写得十分工整。唯一的问题是，只要她写的字稍微有一点点错误或者不整齐、不干净的地方，她就会马上擦掉重新写，有时直接撕掉重写，这样一来写作业花费的时间根本无法估量。

鲁迅说："节省时间等于延长了一个人生命。"对于孩子来说，节省时间就能提高成绩。各种各样的拖延只会让孩子的成绩由好变差，与同学的差距越来越大。磨蹭会让宝贵的时间白白浪费掉，拖延症对孩子的危害则是长久潜伏的，并不会马上显现出来。因此，很多家长和老师对于孩子的这个举动都没有引起足够的重视，尤其是像田田这一类孩子，家长会觉得她是因为认真才这样，实际上田田这种过分追求完美的行为，已经影响到了她的学习效率和质量。而孩子一旦形成不良的学习习惯，就会出现学习效率低下、成绩下滑的现象，从而导致自信受挫，对学习丧失兴趣等一连串的连锁反应。

对于这类孩子，家长一定要明确地告诉孩子拖延的危害，并监督孩子在规定的时间内完成作业，按照计划表上的计划来执行。在与孩子沟通的过程中要有耐心、真诚，让孩子意识到这种行为的弊端，避免日后因为拖延而造成学习效率低下，甚至影响孩子今后的生活。

# 是什么造成了孩子的粗心大意？

## 你认识到孩子粗心的隐患了吗？

粗心是低年级学生的一个普遍现象，不少父母对孩子粗心的问题都束手无策。我常常看到一些孩子在考试时重复犯一些很简单的错误，比如，漏掉一个标点符号、在填词的时候少写一个字，数学考试时小数点标错位置，看错题目，审题错误，或者试卷上写错名字，等等。类似这种现象非常多，还有一些学习很好的学生，也都不是在难题上出错，错的都是非常简单的题目。这种情况，不仅孩子着急，家长着急，老师也着急。

1982年，西班牙即将举办“国际业余足球联合会世界杯”比赛，然而东道主却因为粗心，把原本6月13日举行的第一场比赛入场券误印成6月11日。等到发现这个错误时，十万多张入场券已经全部印制完毕，所以只能把这么多张入场券全部作废，重新加印。因为操作员一时的马虎，导致国家损失了人力、物力、财力。

可见一个粗心大意的人是无法肩负起一些重要的事情的，领导也绝对不敢把重要的事情交给他们来做，因为这些人缺乏认真的态度，很可能造成非常严重的后果。

## 马虎先生的故事

宋朝的时候，在京城有一位画家。一天，这位画家正在画一只老虎，刚画了一只虎头的时候，正好有人登门拜访请画家画一匹马。于是画家自作聪明，在虎头的后面花了马的身子。

买画的人问他：“您这个到底是马还是虎？”

画家漫不经心地回答道：“马马虎虎都可以。”

画家的大儿子见到这幅画，也问画家：“这是什么？”

画家随口说：“这是虎。”

画家的小儿子见到画，问画家这是什么，画家答道："这是马。"

有一天，画家的大儿子去打猎，看到了一匹马，以为是虎，为了保命，于是放箭把马射死了。结果马的主人不依不饶，让大儿子赔了一大笔钱。

又有一天，画家的小儿子去野外游玩，看到了一只虎，他天真地以为这是马，竟要骑上去，结果被老虎一口咬死。

马虎先生由于自己的不认真，酿成了悲剧。后来，人们就把这位画家称为"马虎先生"。

一旦父母发现孩子存在粗心的问题，就要重视起来，不要以为没什么。在学习上，如果总是粗心大意，经常随意丢分，时间长了会影响学业。而在生活中经常丢三落四，做事马马虎虎，会让生活变得混乱，最终也会影响到孩子的生活质量。

## 造成孩子粗心的主要原因是什么？

从生理发育上来看，孩子粗心是因为他们的视觉记忆和辨识能力较弱；从年龄特点上来看，是因为孩子还小，缺乏责任心，做什么事都不认真，心不在焉；从周围的环境来看，现在的小孩子压力很大，作业很多，难免忙中出错。父母一定要通过孩子粗心这一现象，看到背后反映出来的问题。

一道很简单的小学二年级数学题，家长来做基本不会出现错误。而孩子自己做的话，就很容易出现错误，因为他们本身对功课可能不熟悉，导致一看到习题的时候误以为很简单，首先思想上就不严谨，可实际上他们对这方面知识的掌握并没有想象中那么全面，这是孩子粗心的第一个原因——**对知识掌握的熟练度不够**。孩子粗心的第二个原因是，**对知识的基本概念不清楚**。这一类孩子可能看起来懂了，具体却讲不明白，如果课后不及时巩固复习，学到的零散知识很快就会忘记。因此在作业中、考试中必然会出现差错和漏洞。有的孩子由于对事物感知能力差，再加上数学学科的抽象性、逻辑性都很强，这些孩子不能清晰、准确地掌握数学概念法则，在考试有限的时间里和压力下，就会本能地选择大脑中最先搜索到的模糊记忆，但是这个记忆认知很可能是有疏漏的，所以就导致了孩子的失误。孩子粗心的第三个原因是，**孩子平时干什么都毛手毛脚，对东西的摆放也是杂乱无章，生活上杂乱无序，也没有固定的作息时间，这样必然会使孩子养成粗心、无序的生活习惯**。所以，建议家长们在家庭中营造一种有序的生活环境，做什么事情都要尽量有规律，家里的摆放要整齐，有固定的地点。孩子通过养成良好的做事习惯，并把它转移到学习中，就能够有效地减少上面提到的各种粗心现象。

## 有效纠正孩子粗心的三种方法

**方法一：增强孩子的责任心**

一个没有责任心的孩子，对什么事情都敷衍塞责，马虎了事，必然什么事情都做不好。有了责任心以后，才会谨慎从事，细致认真，不敢有半点儿懈怠。首先，家长一定要身体力行。懒散的父母不可能培养出一个严谨、细致的孩子。其次，在家里可以给孩子安排一些力所能及的劳动，让他们负责扫地、洗碗或者洗袜子等简单劳动。如果孩子做得好就给予鼓励或奖励；对于做得不好的地方，家长要采取迂回模式，比如，让孩子洗袜子，一只洗得很干净，一只还有肥皂沫没有洗干净，家长就要着重夸赞洗得干净的那只袜子，从而引导孩子把另一只也洗干净。长期坚持下来，持之以恒，孩子的责任心会大大增强。

**方法二：给孩子准备一本错题集**

一个不懂得总结经验的人，他的生活一定是盲目的。如果孩子只是一味地接受新知识，对于旧知识和所犯过的错误不理不睬，那么他的成长也一定是举步维艰的。记录错题会让孩子清楚地知道当时自己错在哪里，为什么会错。掌握正确的解题方法后，写在错题本上，旁边可以用不同颜色的笔写上当初错的原因，比如，知识点掌握不牢固，理解没有到位……做错题集的第一步就是要分析出错的原因；第二步要多做同类型的练习题，进行反复练习，掌握这一类题的答题方法。这样一来，以后再出现同样的习题，错误率就会大大降低。除了平时帮助孩子巩固知识点，考试前看看错题集也是一种很有效的复习方法。合理地使用错题集是提高孩子学习效率和学习成绩的有力武器。

**方法三：多给孩子细心的心理暗示**

心理学上有一种说法：一种观点一旦经过多次强化，就会在孩子的心中生根。因此当家长说孩子粗心大意、动作慢时，孩子就会形成一种惯性，认为自己真的粗心。相反，若家长把目光放在孩子细心的地方，多次强化之后，孩子就会有一种细心的心理暗示。事实上，在家长教孩子学说话、学走路的时候，家长注意到的总是孩子说话相对清晰、走路相对平稳的时候，而且会把这种感觉传递给孩子。于是孩子越说越流利，越走越稳健。另外，孩子自我意识薄弱，非常在意周围人的眼光，外界环境对孩子影响很大。当孩子积极的行为得到赞赏后会继续保留或强化，消极的行为因为得不到关注会逐渐减少，所以父母应当把关注点放在孩子的优点上。可大多数父母都不能容忍孩子的粗心，并且人为地将它放大，用小小的缺点掩盖了孩子所有的优点，就如同一张白纸上有一个黑点，父母看到的只是黑点，而且黑点会越变越大，慢慢吞没了整张白纸。一叶障目，不见森林。

# 要告诉孩子勤奋是最好的天分

## 没有谁的天分能禁得住懒惰的打磨

现在很多人都大力鼓吹一种思想，就是勤奋也未必能创造价值。那些看起来勤奋和努力的人，工作和学习的效率一定是低下的。确实有一部分孩子用看起来的“勤奋”来掩盖懒惰的本质，毫无目的地忙碌是徒劳无功的。只有高效率的学习方法再加上有计划的勤奋，才能使孩子获得高效的时间管理。

勤奋应该被正确看待，而不是一味否定。那些只想凭借自己的天分就获得成就的人比比皆是，可一块再适合长庄稼的土地，没有农民的勤劳耕作，也不会有好的收成。从古到今，不知道有多少天资聪颖的人，就是因为不努力才落得一生都庸庸碌碌。

中国古代很有名的方仲永便是如此。

方仲永出生于一个普普通通的农民家庭，家人都以耕田为生。可就在仲永五岁的一天，他心血来潮向父亲要纸和笔。他的父亲非常不解和吃惊，他纳闷小小的仲永从小并没有接触过这些，为什么会突然要纸和笔？为了弄清楚仲永到底想干吗，他就去邻居家里借来了纸、笔，拿给了仲永。

可令他万万没想到的是，仲永居然自己提笔写了一首赡养父母和团结族人的诗，并且在旁边题上了自己的名字。仲永的这个举动震惊了他的父亲。后来这件事被全村人知道了，大家都说仲永是个天才。村里的人纷纷夸赞他写的这首诗充满文采，就连附近的秀才们也都赶来赏阅他的诗文。后来，很多人都指定一些题目，让仲永来作诗，每次他都能很快地把诗作出来。附近乡镇的人纷纷花钱请仲永这个小天才题诗。后来仲永和他的父亲也会被邀请到别人家做客，分享他的小天才事迹。

时间一长，仲永的父亲也不种地了，觉得只要靠仲永作诗就能挣钱。于是每天拉着小仲永四处拜访，也不再让他学习。这一晃就是很多年，等到仲永12岁的时候，他写出来的诗已大不如从前。古书上记载，又过了几年，他已经“泯然众人矣”。就是说他已经和普通人没什么区别了。

这个案例告诉我们：无论何种天分，只要你是一个懒惰的人，也终将被消耗殆尽。

## “天才就是无止境地刻苦与努力”

法国数学家约瑟夫·路易斯·拉格朗日曾说：“**人的大脑是有惰性的，要防止它松懈、疲沓，必须使它经常处于运动的状态，有意识地促使它习惯性地、精力旺盛地为需要而工作。**”拉格朗日是一个很典型的凭借勤奋而成就的例子之一。他们家族的企业在他很小的时候就破产了，所以艰难的生活让拉格朗日很小就扛起了生活的重担。他从不浪费一分钟的时间，一生都在为探索真理而努力奋斗。

在中国也有数不尽的名人，因为勤奋获得了更好的人生。比如，范仲淹断齑画粥的故事。

范仲淹两岁的时候父亲便去世了，贫苦无依的母亲带着他改嫁到长山朱家，更名换姓，生活过得十分清贫。7岁时，生母谢氏教他识字，买不起笔墨纸砚，他只得在地上用树枝练习写字，10岁时才入私塾读书。

但艰难的生活抵挡不住范仲淹对知识的渴望。他刻苦读书，15岁即被举为学究，并受到本县告老还乡的右谏议大夫姜遵的青睐，称“他日不惟为显官，当立盛名于世”。但由于范仲淹经常被朱家的几位兄弟嘲笑，并且时常听到大家说他并非亲生，他找到母亲问明真相后，痛心疾首，发誓一定要刻苦学习，恢复自己的姓氏和家族，于是范仲淹只身离家去到邹平醴泉寺读书。

醴泉寺地处群山环抱之中，环境幽雅，是一处安心读书的理想之地。寺内住持慧通大师学问精深，对范仲淹疼爱有加，住持还时常向他传授《易经》《左传》《战国策》《史记》及诗词歌赋，生活上也处处周济他。不久后，这引起了一些小和尚的嫉妒，常常吵吵嚷嚷，扰乱安静氛围，又以“饭后钟”戏弄。为了避开寺内喧嚣，范仲淹找到寺南一个僻静的山洞读书，用家中送来的小米一次煮一锅粥，待凉后画上一个“十”字，每顿吃一块，再切上一点儿野菜，撒上盐末下饭。同样的饭菜，吃了整整三年之久。据江少虞的《宋朝事实类苑》记载，范仲淹“惟煮粟米二升，作粥一器，经宿遂凝，以刀画为四块，早晚取二块，断齑数十茎，酢汁半盂，入少盐，暖而啖之，如此者三年”。

后来范仲淹到南都应天府书院读书学习。应天府书院是宋代著名的四大书院之一，藏书甚多。范仲淹十分珍惜优越的学习环境，他昼夜苦学，五年未解衣就枕。寒冬腊月，读书困倦了，就用冷水洗脸，再继续读。一位南都官员的儿子和他是同学，非常同情他，于是把他勤奋学习、生活艰苦的情况告诉了父亲。父亲便叫儿子把官府为自己准备的饭菜送一份给范仲淹，没想到范仲淹竟一口未尝，任凭佳肴发霉，直到人家埋怨他才不得不说出心里话："我喝粥喝惯了，担心一旦享受美餐，就要以吃粥为苦了。"就这样，他在南都应天府书院寒窗苦读五年。经过五年"人所不堪""自刻益苦"的生活，范仲淹于北宋大中祥符八年（1015年）考中了进士，这年他26岁。

范仲淹这个案例，并不是倡导家长们为了让孩子勤奋刻苦，就每餐给孩子吃清粥和野菜，这样并不利于孩子的身体发展，而且现在的环境也和当时大相径庭。但是我们要通过这个故事看到古人的精神闪光之处。我们经常会听孩子称赞自己的同学或者伙伴多么厉害，背单词多么快，家长完全可以告诉孩子，我们不必羡慕别人，勤奋就是你最好的天分。

## 父母要激发孩子的潜能

英国著名的心理学家托尼·布赞曾经说过一句话："你的大脑就像一个沉睡的巨人。"后来经过大量的实验，科学家表明，我们每个人有将近140亿的脑细胞，可实际经常活动的脑细胞，只占我们全部脑细胞的8%，也就是说将近90%的脑细胞都处于相对静止的状态，我们完全没有把它们激发、利用起来。人的大脑可开发性是无限的，家长一定要激发出孩子的潜能。

美国的开国元勋托马斯·杰斐逊求学的时候，由于家庭的原因，必须要转到另一所学校去读书。可是因为他的历史和科学成绩都很一般，校长觉得他的成绩很不适合来他们的学校就读，所以拒绝接受他进入他们的学校，并且建议他去其他学校读书。可是杰斐逊相信自己的能力，并且坚信自己一定能行，随后向校长表达了自己一定能达到学校的要求的决心。于是杰斐逊花费了大量的时间来学习，别人在玩的时候他学习，别人吃饭的时候他学习，终于把落下的知识全部补上了。最终校长同意了他的申请。进入学校后杰斐逊依旧勤奋努力，没想到毕业考试的时候，他取得了满分。

杰斐逊用自己的努力证明了自己，有时候命运给我们或者我们的孩子一个低的起点，不是让我们从此丧失信心、甘于平庸，而是让我们通过自身的努力，超越原本的自我。我们熟知的亚里士多德、伊索、达尔文、拿破仑等很多名人，都有重度或者轻度的结巴，莫扎特、贝多芬、拜伦也曾因为身材矮小、耳聋产生自卑，但是他们都没有因此灰心，而是拿出了更大的勇气，付出了比别人更多的努力，让自己的人生不留遗憾。如果孩子产生自卑、懈怠，或者天生有一定的缺陷，这都不是他们甘于平庸的借口，真正让别人瞧不起的是他们的不努力与自甘堕落，而孩子努力的原动力就是家长的肯定与鼓励。只要家长不抛弃，孩子的眼里就一定会有坚定的目光。

# 只有找到学习的盲点，才能提高学习效率

## 鼓励孩子不懂就问

从小我们就知道“满招损，谦受益”的道理，历史上几乎所有伟大的科学家都常将“为什么”挂在嘴边。苏格拉底曾说：“我唯一确定知道的事情，就是我自己的无知。”

这些人总能保持着对学习的热情和对新知识的渴求，孩子每天要接受的知识和信息量是非常庞大的，不要让孩子什么问题都依赖父母解决。父母最好做一些提示、反问，鼓励孩子独立思考，逐渐培养孩子不懂就问的习惯。

有个叫小乔的孩子，进入小学后，他的爸爸逐渐发现了他的特点，比如，他很喜欢唱歌、听歌，可是他自己唱的时候连一首完整的歌曲都唱不出来；他喜欢看足球比赛，自己却懒洋洋不爱动；家里的收音机被他拆坏了，可是他却无法复原……相反小乔很喜欢看书，并且喜欢相对安静的环境。他的爸爸根据他的爱好和特点开始逐渐引导他，培养他对喜爱的事物的好奇心。

比如，他们一起坐火车的时候，爸爸就会问小乔："小乔，你看窗外的树为什么会往后跑呢？"

"因为火车往前开。"小乔回答道。

"那你再看看远处的树，远处的树是在往前跑，还是在往后跑呢？"爸爸又问。

远处的树怎么会朝前跑呢？整个大地看上去好像围绕一个看不见的轴在动。

"爸爸，这是怎么回事？"小乔好奇地问。于是爸爸给他讲解了一番，引起了小乔对运动现象强烈的兴趣。

在小乔学骑自行车时，爸爸问："我要把一个箱子从屋子外面推进屋里，你说摩擦力是强，还是弱？"

"推起来很费力吧。"小乔回答道。

"那如果我用自行车推和在地上推相比呢，哪个省力？"爸爸又问道。

小乔也不知道，他的好奇心被爸爸引起来后，一直追着爸爸问到底是怎么回事。爸爸一次又一次地利用小乔的好奇心，使得小乔对这方面的兴趣越来越大。

在这个过程中，通过爸爸的引导，小乔对知识的渴望逐渐被培养和建立起来。家长一定要告诉孩子，问别人“为什么”，并不是一件丢脸的事情，它不仅表现出了谦虚的学习态度，也表现出了对别人的肯定和尊敬。要知道“可怕的不是不会，而是不问”“最愚蠢的问题是不问问题”，鼓励孩子敢于思考，才能取得进步！

## 教会孩子记笔记

要想提高学习质量，除了上课不走神、课后认真完成作业，离不开高质量的笔记的辅助。一节课45分钟，以小学生的记忆力一天下来能记住70%的内容都属于很好的，第二天也就只能记住40%左右，再加上学习新的知识，旧知识被不断地覆盖，不记笔记就没办法有效率地回顾之前学过的重要知识点。

所以，家长一定要培养孩子上课记笔记的习惯，记笔记有三点好处：

一是能让孩子上课集中注意力，提高学习效率。

二是记笔记的同时也是一个积极思考的过程，有助于对学习内容进一步掌握。

三是有助于孩子扩大知识范围。老师讲课的时候，经常会在某些知识点上进行知识的延伸扩展，很多都是课本上没有的知识。

但是让孩子学会记笔记的同时，也要掌握记笔记的技巧。如果把老师讲的内容全部记在笔记本上，既没有时间去理解和思考，也无法抓住重点，白白地浪费了大量的时间，反而给自己增加了学习的难度。这样记笔记的方式，是得不偿失和没有价值的。

首先，记笔记一定要分清老师讲课的重点和难点是什么，一些简单的内容，可以直接在书上标注出来。对于重点和难点，老师一般都会着重强调，要重点记。对于不懂的地方也一定要记下来。**记笔记的时候要善用各种符号，来标注不同的重点、难点，这样方便以后复习时直接拿来使用。**

其次，一定要掌握记笔记的速度。课堂还是要以听课为主，记笔记为辅。一些来不及记的地方就先标记出来，等下课再补上，或者找同学借笔记，再进行整理和完善。否则一味地记笔记，只会把老师讲的内容漏掉得越来越多。

## 鼓励孩子在课堂上举手发言

在上课的时候，为了活跃课堂气氛，同时也为了检查学生们的听课情况，老师经常会提出一些问题，让同学们回答。面对这种情况，有些孩子能够积极主动地发言；有些孩子却畏手畏脚，不敢举手。即使偶尔举起手来，说起话来也是吞吞吐吐，说了上句忘下句。

在课堂上积极回答老师的问题，不仅可以调动孩子的积极性，还可以帮助孩子更好地理解老师所讲的内容，更好地融入课堂学习当中去。根据调查，那些上课积极发言的孩子，也往往是爱学习、爱思考的孩子，所以父母一定要引导孩子养成上课积极发言的好习惯。

**有些孩子不爱积极发言，是因为缺乏自信。**

一想到要在全班同学面前发言，这些孩子就会感到紧张、害怕。即使是精心准备的发言，站起来以后也紧张得不知道该说什么。其实，这种情况完全可以避免，老师提出的问题，一般都是紧贴课堂学习内容的，只要上课认真听讲，大都可以回答出来。就算答错了，老师也不会责怪，因为老师喜欢孩子积极的态度。所谓的“害怕受到嘲笑”的心理，完全是孩子们的一种负面的心理暗示。身为父母，我们应该鼓励孩子不要怕犯错，要敢于思考、积极发言。即使错了，正好可以知道自己的不足，以便及时改正。

**有的孩子不爱发言，是因为缺乏学习的主动性。**

有些孩子，一到老师提问的时候就低下头，生怕问到自己。这些孩子常常不爱思考，坐在课堂上也是“当一天和尚撞一天钟”，学习效率低下。这时，身为父母，我们就要鼓励孩子认真、努力学习，不能拖延，积极参与到老师的教学当中去，多思考、多发言，这样才能收获更好的学习效果。

不仅在课堂上要积极、主动地发言，在课后，如果遇到学习上的难题、不懂的地方，也要及时向老师请教。很多孩子遇到不懂的、不会的题目，总是听之、任之，不往心里去，结果这次不会，下次还不会，到考试的时候就会束手无策。这样的学习态度，对于孩子的学习成绩提高一点儿好处都没有。

# Chapter 4

# 了解孩子的行为目的，抓住教育的最佳时机

## 孩子经常讨价还价，父母应该如何应对？

### 讨价还价是孩子的自主意识在成长

孩子慢慢长大，渐渐开始跟父母谈条件，讨价还价。讨价还价可以增强孩子的自主意识，促进成长。但是，如果父母处理不当，也会带来负面影响。一味地妥协会让孩子变得自私、骄纵；一味地拒绝会让孩子变得怯懦、没有主见。

孩子都希望能一直做自己喜欢的事情，比如，家长和孩子一起制订好时间表后，每天都有固定的自主时间，通常孩子在这段时间里会选择先做自己喜欢的事情，看电视或者玩游戏，等到了结束时间，一些孩子就会向父母哀求道：“再让我玩一会儿吧，就一会儿。”这时候有的父母就会禁不住孩子的哀求，软下心肠说：“那顶多再玩十分钟！”孩子才不管你说的到底是十分钟还是三十分钟，他得到他想要的答案后，就会信誓旦旦地答应只玩十分钟。玩的时间一般都过得特别快，等快到时间时，他又会重施故技：“反正我今天作业都写完了，就让我再玩一会儿吧！我就放松一天，明天就不这样了。”这时候父母就陷入了两难的境地。有的父母觉得孩子太过分了，直接粗暴地关掉电视，让孩子回去看书，或者去做接下来原本要做的事情。孩子就会气鼓鼓地回房间。实际上，在这种状态下孩子很难再做接下来的事情了，时间表根本没办法顺利地执行，提高时间效率就成了空谈。

如果父母没有守住自己的底线，一次次向孩子妥协，孩子就会越来越熟练地使用这种方式“对付”父母，而且愈演愈烈，下一次就不仅仅是玩，而是“我晚半小时睡”“我今天上半天学可以吗”……所以家长一定要引起重视，**爱孩子不是过分地顺从他的需求。**

## 提前和孩子约定好要做的事

很多父母觉得多让孩子玩一会儿其实也没什么，平时多玩一会儿确实不是什么大问题，在前面我们也提到过让孩子玩就是为了让他更好地学习。玩本身是一种调节，可如果已经和孩子一起制订了时间表，玩的时间已经安排好了，其他后面的事情也都安排好了，家长就不能因为怕孩子不高兴而纵容他的要求。毕竟最初我们和孩子一起制订时间表，是为了培养孩子的时间观念，让他合理地安排自己的时间，不让时间空过，知道在什么时间该做什么事情。

所以最好的方式就是家长提前和孩子约定好，认真、严肃地告诉孩子，一旦时间表制订好了，除非有特殊情况，否则不能更改，让孩子建立起责任感。如果孩子做不到，就要实施一些惩罚的小措施，这些惩罚措施也一定要提前和孩子商量好。比如，让孩子做一些家务，需要注意的是，家长不能因为孩子今天多玩了，就减少孩子以后玩的时间，甚至说："你这么不遵守约定，以后都没有玩的时间了。"这种行为是十分不可取的，不仅会导致孩子直接抓住我们言语中的漏洞，让他们产生"我凭什么听你的安排"的想法，还会让孩子觉得我们在控制他们。让孩子执行时间表的前提，就是让孩子觉得这些都是我自己安排的，而不是按照父母的想法，他才有最初执行下去的动力。

## 让孩子承担讨价还价的后果

还有一些家长为了让孩子继续执行时间表，会拿一些小奖励来吸引孩子，比如，如果不玩了去看书，就给他买个什么东西。从某种程度上说，在任何事情上都做交易，很可能会造成孩子成长过程中的被动状态。孩子会计较事情的即时效益，看不到好处就不做。如此下去，孩子便不会出于强烈的兴趣去学习新东西，也不会有探索精神，更不会有责任心和使命感。同时，他的人生也会丧失所有的主动权，任何事情不是“我要做”，而是“要我做”，而且“不谈妥条件就不做”。当“谈判”成了习惯，每一次“谈判”成功后，孩子就在准备下一次的“交易”了。

所以，家长一定要温柔地坚持原则，当孩子说“我就多玩十分钟不行吗”时，要提醒他执行时间表上接下来的安排。一旦家长妥协了一次，孩子就会再三触碰你的底线，从此变得无下限，不断地刷新新的底线。孩子是非常会看家长脸色的。

有一次，美国著名家庭教育专家斯特娜夫人的女儿到朋友家去玩，她的妈妈和她约定好十二点半以前一定要回来。可是，女儿晚回来了半个多小时。面对这种情况，斯特娜夫人什么也没有说，只是指了一下表，女儿连忙向她道歉。吃完饭，母女俩连忙去换衣服，要赶着去看戏，这时她又让女儿看看表，说：“今天由于时间来不及了，戏是看不成了。”于是女儿伤心地流下了眼泪。

斯特娜夫人这么做可以让孩子亲身感受到自身的错误行为所造成的不良后果。有了这次教训，斯特娜夫人的女儿很快就自觉地纠正了不守时的坏毛病。人的本能都是趋利避害的，孩子也是一样。让孩子自己承担后果，尝到苦头，下次不用父母说自己就会规避，用正确的方式去做事。

正如捷克教育家夸美纽斯所言：“**犯了错误的人应该承担后果，让他们承担后果可以更好地让他们不再犯。**”许多家长由于没有意识到这一点，替孩子承担责任，或庇护孩子，让孩子无法亲身感受到自身的错误行为所造成的不良后果，这就等于在纵容孩子的错误行为，让孩子对错误行为有恃无恐。再者，还可以避免父母用管教方式惩罚孩子所造成的种种不良后果。比如，会伤了孩子的自尊心、自信心，损伤亲子关系，对孩子的身体造成伤害等。

在孩子承担了后果的同时，家长也要和颜悦色，不能以不好的情绪面对孩子，一定要提醒孩子这么做的原因和目的是什么。等到孩子养成了好的习惯，即便不用家长监督，也能自然地不会再因为几分钟的时间和家长较劲。

# 孩子一回家就喊累，父母如何帮孩子合理减压？

## 压力大直接降低学习效率

随着信息化社会的到来，人们的生活节奏加快，生活方式不断变化，社会竞争力也逐渐增强，巨大的心理压力不知不觉地渗入儿童领域，给儿童的身心健康蒙上了一层阴影。儿童的心灵是稚嫩的、脆弱的，承受能力也远不及成人。

目前，我国的心理疾病人群中三分之一是在儿童、青少年时期发病的，如果现在不及早采取有效措施，那么悲剧还将继续上演。小学生的心理健康问题已不能不引起重视。

小学生大都背着个大书包，里面装满了各种书和文具。在周末也能看到很多小学生四处“奔波”，作业负担越来越重。在学习压力增大的同时，孩子们的学习质量却无法得到有效的提高。孩子们一直担忧自己的学习成绩，很容易心力交瘁。很多家长为了让孩子赢在起跑线上，周末还会为孩子报各种各样的补习班。如果孩子的大脑一直处于高度紧绷状态，疲劳就无法得到缓解。根据专家的调查显示，**小学生的压力会由低年级至高年级逐渐递增，五、六年级的孩子尤为明显。**熬夜的小学生越来越多，人体正常的生物钟被打乱，导致孩子反复学习一个知识点，一直不能吸收。

读四年级的豆豆，失眠已经有一段时间了。“自从开学以来，我天天晚上睡不好。虽然身体感觉疲乏，但闭上眼睛却睡不着。结果就是白天上课犯困，打不起精神来。”豆豆说，上学期期末考试，他在班级排第4名，年级前70名。现在睡不好，特别担心成绩下滑。“这个成绩是我争分夺秒学出来的。我一想到成绩下滑就睡不着，可我又担心睡不好会让成绩继续下滑。”这种内心焦虑、疲劳的状态，让豆豆的记忆力减退、大脑反应迟钝，最终成绩只会越来越差。

中国青少年研究中心的一则抽样调查报告表明，儿童的日常烦恼主要来源于与学习有关的压力。儿童普遍感到苦恼的三个方面是：学习压力大（57.6%）、不被人理解（53.9%）、成绩不好（38.7%）。

通过以上三个方面我们可以分析出，孩子的压力，第一方面来源于家庭方面的压力。家庭是孩子最早接受教育的场所，在造成孩子压力大的因素中占非常大的比例。主要表现在：

第一，父母的期望过高。现在大部分家庭都是独生子女，父母望子成龙、望女成凤的心态非常迫切，十分重视孩子的早期智力开发。周末会安排孩子上课外班，父母赋予孩子的期望早就超过了他们可承受的范围。这一代的孩子基本没有吃过苦，心理承受力和上一代远远比不了，这样一来父母的期望就会让他们产生沉重的心理负担。

第二，教育方式有问题。一些父母如果对孩子的教育方式不当，也会给孩子造成很大的心理压力。常见的有溺爱、凡事包办、民主型。在溺爱的环境中长大的孩子不能承受一点点委屈和挫折，依赖性极强，生活自理能力很差，在学校和同学的交往过程中很容易受到打击；凡事被包办的孩子，从小就养成了顺从的习惯，什么都听父母的。性格软弱、优柔寡断，表面看起来乖巧，实际上内心压力重重。压力大时会产生极强的逆反心理；在民主型教育下成长的孩子一般身心是健康的，基本上不会出现什么问题。

第三，家庭关系不和谐。一般单亲家庭以及父母经常在家中发生争吵的家庭，对孩子的心理发展都是极其不利的。在这些家庭里长大的孩子，会比普通的孩子更容易自卑、焦虑、畏缩、冷漠，并且因此影响自己的学习。

第二方面的压力来源于学校对孩子的压力。学校的课业普遍都是十分繁重的，写不完作业的压力、考试排名的压力……随着孩子年龄的增长，对同伴交往的需求越来越大，如果和同伴相处不融洽，或者遭到其他同学的排挤，就会十分影响孩子的情绪，严重时可能会产生厌学心理。

第三方面的压力来源于社会带来的压力。比如，一些校园突发的危险事件。校园暴力事件在近几年也是屡见不鲜，在这一点上我们要考虑到传播媒介的影响，很多影视节目中的暴力情节会直接诱导孩子的攻击性行为和偏激的心理状态。

## 劳逸结合才能让孩子快乐学习

有一个很著名的学习效率公式：7+1>8。**指的是孩子每天学习7小时，锻炼1小时，其学习效果要大于孩子连续不断学习8个小时。**学习本身是一项复杂的脑力劳动，人脑的重量虽然只占体重的1/50，却要消耗整个人体所需氧气的1/4，在人脑中的血液流量占心脏血液输出量的1/5。如果持续学习，大脑没有得到休息，供给大脑的氧气和血液就会不足，以致出现精神疲惫，反应力、思考力、注意力、记忆力下降的现象，整个人的精神状态会非常不好。

所以，家长一定不能给孩子施加压力或要求孩子一直学习，要帮孩子调节、排解心理压力。可以通过和孩子沟通来帮助他分担心理压力，给予孩子心灵上的支持。

### 第一种方式：告诉孩子“困难、挫折不可怕，谁都会经历”

在一个人的成长过程中，考试失利、被老师批评、被同学嘲笑、孤立等问题是普遍存在的。但孩子年龄小，心智不成熟，面对这些挫折时，就会恐惧、不知所措。久而久之，便会倍感压抑。这时候，父母的正确引导就十分必要。要让孩子明白人的一生必然会经历这些，要学会坦然接受，逐步培养自身的抗挫能力与强大的心智。

### 第二种方式：抽个时间，安静地倾听孩子的问题，带孩子出去走走

要想帮助孩子摆脱压力，就要先了解孩子心理上有什么压力、压力是从哪里来的，所以必须学会倾听孩子的倾诉。要抽出时间和孩子面对面地交谈，专心地看着孩子，认真地听他说话。倾诉是一种很好地释放

压力的方式。只有父母肯把心交给孩子，孩子才肯把心交给父母。这样，父母才能了解孩子心理压力的真实情况，从而针对问题帮助他们。

最差的倾听便是时常打断孩子的倾诉，并穿插着指责与拆台。不超过三次，孩子便不会再与你倾诉。到了周末、节假日，我们可以带孩子出去走走，多创造和孩子交流的机会，也可以释放孩子的天性和压力。

### 第三种方式：
### 帮助孩子管理好时间，尽可能多地让孩子做一些自己想做的事

鼓励孩子培养自己的兴趣爱好、多参加一些学校和外部机构组织的课外活动、多和朋友相处，这对缓解孩子的心理压力是大有裨益的。

父母千万不要强迫孩子按照自己的想法去学这个、学那个，应该多听听孩子的意愿。到了期末，尤其如此。可以尝试让孩子适当做点儿自己喜欢的事情，这更有利于孩子缓解压力。

### 第四种方式：
### 考试前，家长首先要放松心态

如果把考试看作学习新知识的必要总结，那么考试就能唤起孩子的学习兴趣和进取精神，激发他们的积极性，因而也容易取得好成绩。

如果孩子把考试看作沉重的负担，讨厌考试，或者对考试持无所谓态度，那么他们的积极性就差，难以取得好成绩。所以，家长如何看待孩子的考试成绩十分关键。即便你已经非常焦急、紧张，也要在孩子面前忍住，不要让自己的情绪来影响孩子。

# 为什么孩子做什么都小心翼翼、缺乏自信？

## 将自信的种子埋在孩子的心里

自信是成功的基石。在一个人的成长过程中，要想成功，自信是尤为重要的。拿破仑曾说：“信心的力量是惊人的，相信自己，那么一切困难都将不会是困难。因为自信心是一种积极的心理品质，是促使人向上奋进的内部动力，是一个人取得成功而必备的、重要的心理素质。”

自信的孩子会十分乐观、进取，做事也积极主动、敢于尝试，班级里的一些活动都会积极参加，上课时也会非常踊跃地举手发言，这样的孩子通常也会被同学和老师喜欢，他们会更加充满信心地去努力实现自己的愿望；反观不自信的孩子，无论做什么事都会表现出柔弱、害羞、恐惧，不敢面对陌生人，不敢和人主动交往，基本上没什么朋友，也不敢接受新鲜事物，从而丧失了很多机会。

那孩子是怎么变得不自信的呢？

第一，**不愿意和周围人说话、交流**。比如，在一次考试中，孩子因为马虎或者心情不好没有取得好成绩，然后同学不经意间说了句：“这么简单的卷子你还考得这么差。”他一下子被打击了，觉得自己学习不好，从而就会产生负面情绪，学习激情也会受到打击。慢慢有了第二次、第三次考试没考好。然后他就认为自己真的学习不好，就是一个差等生。老师上课叫他回答问题，他也没有回答出来，他开始觉得自己不聪明，从而接受了考不好的现实。再后来，他觉得自己本来就不是学习的那块料，然后就把精力从学习上移开。慢慢地，学习更不好了。尤其别人也这么说了，甚至有时候爸妈都这样说，他开始觉得自己做人很失败，不愿意和周围人说话、交流。周而复始，会变得寡言少语，甚至觉得尽量少说话可以减少或避免挨说。

第二，**过分依赖性**。这些孩子已经习惯了什么事情都由父母帮忙做好，有时候可以独自完成的事情，却偏偏不愿意自己完成，想要依靠周围人的帮助。这类孩子往往因为担心自己做得不好，对自己不自信，慢慢就会越来越不自信。

第三，**经常羡慕其他小朋友**。有时候有些孩子常常羡慕其他小朋友的东西好、生活好、有漂亮的衣服、好玩的玩具……虽然自己也有这些，但总觉得不如别人的，不爱玩自己的。在此类孩子心中，已经开始有了对比、比较，甚至攀比的心理。当自己的生活环境没有其他人优越时，逐渐会产生羡慕的心理，对自己的所有物排斥。如果不正确引导很有可能产生嫉妒心理。

第四，**过于听话**。父母都希望自己的孩子听话，不喜欢调皮的孩子。但心理学家认为，**儿童在言行方面略有越轨，对他们的身心成长有益**。那些对家长言听计从的孩子，通常低估了自我价值，自信心比较弱，对生活中发生的事情怀有恐惧。他们把听话的行为作为自我保护的手段，自认为所犯的错误越小，所谓的“风险”也就越低。还有一类孩子，无法融入集体，也不愿意参加集体活动，对集体生活缺少亲身的体验和感性的理解，回避任何竞争。这都是他们自信心不足的表现，因而在人格成长方面，缺乏进取精神和独立能力。

缺乏自信的孩子随处可见，一次对全国各地1000余名的6~12岁孩子所做的专题调查表明，40%的孩子说“自己对自己至少一两个方面完全丧失信心”，有很多孩子对自己的外貌、身高、体重等外部条件没有信心。还有一些孩子对自己的学习能力、运动水平和交友技巧没有信心。而进一步的调查却证实，这些孩子无论外貌还是能力，都不比其他孩子逊色。

一些不自信的孩子会导致注意力很难集中，经常疑神疑鬼，关于别人对自己的评价十分敏感，对老师和家长的批评耿耿于怀，难以接受。而且，不自信的孩子往往会贬低、嫉妒他人。不仅如此，一些孩子还会自暴自弃。缺乏自信对孩子的成长和发展都是相当有害的。家长在教育孩子的时候，一定要注意这一点，有意识地着重培养孩子的自信心。

## 如何帮助孩子建立自信的人生？

有一个很有名的故事：一位母亲帮孩子重建自信考上清华。

在孩子才几岁时，这位母亲第一次参加家长会，问起自己儿子的情况，幼儿园的老师说："你的儿子有多动症，在板凳上连三分钟都坐不了，你最好带他去医院看一看。"

回家的路上，儿子小心翼翼地问妈妈，老师都说了些什么。她鼻子一酸，差点儿流下泪来。因为全班30个小朋友，唯有他表现最差，老师只对他表现出了不屑。她看着儿子那小心翼翼又充满期许的眼神，想到平时老师也一定当众批评过他，便笑着对儿子说："老师表扬你了，说你原来在板凳上一分钟都坐不了，现在能坐三分钟了。其他妈妈都非常羡慕我，因为整个班级只有你进步了。"

那天晚上，她的儿子破天荒地吃了两碗米饭，并且没让她喂。

等儿子上了小学，家长会上，老师说："全班50名学生，这次数学考试，您儿子排第40名，我怀疑他智力上有些障碍，您最好带他去医院查一查。”

回去的路上，妈妈流下了眼泪，她想到平时老师和同学该用怎样的目光看向她的儿子。然而，当她回到家里，却对坐在桌前的儿子说：“老师对你充满信心。他说了，你并不是个笨孩子，只要能细心些，一定会超过你的同桌。你的同桌这次排在第21名。”

说完这话，她发现儿子黯淡的眼睛里一下子充满了光，沮丧的脸也一下子舒展开来。她甚至发现，儿子温顺得让她吃惊，好像长大了许多。第二天上学时，儿子去得比平时都要早。

孩子上初中了，又一次开家长会，她坐在儿子的座位上，等着老师点她儿子的名字。因为每次家长会，她儿子的名字总是会在差等生的行列中被点到。然而，这次却出乎她的意料，直到结束，她都没听到她儿子的名字。她有些不习惯。临别，她去问老师，老师告诉她：“按您儿子现在的成绩，考重点高中有些困难。”她怀着惊喜的心情走出校门，此时她发现儿子在等她。路上她揽着儿子的肩膀，心里有一种说不出的甜蜜，她告诉儿子：“班主任对你非常满意，他说了，只要你努力，很有希望考上重点高中。”

高中毕业了，第一批大学录取通知书下达时，学校打电话让她儿子到学校去一趟。她有一种预感，她儿子被清华大学录取了，因为在报考时，她对儿子说过，她相信他能考取这所大学。他的儿子从学校回来，把一封印有“清华大学招生办公室”的特快专递交到她的手上。然后突然转身，跑到自己的房间里大哭起来，边哭边说："妈妈，我知道我不是个聪明的孩子，可是，这个世界上只有您能欣赏我……"

这时，妈妈悲喜交加，再也按捺不住十几年来凝聚在心中的泪水，任它打在手中的信封上。

仔细回想一下，在生活中这些事情你对孩子做过吗？孩子咿呀学唱，你不耐烦地说："哎呀！不要再唱了，难听死了。"孩子随处涂鸦，你无心看孩子画的是什么，张嘴便说："你在干什么啊？弄得乱七八糟的，别再画啦，赶紧把笔收起来吧！"去开家长会，被老师告知孩子在班里很调皮，你二话不说便当着老师的面批评孩子，一路上也没有给过他好脸色，回家后自以为把孩子训得服服帖帖才收场。孩子主动帮忙洗碗、刷锅，你毫无心意地说："你弄不好，还是我来吧，别弄得到处是水！"

孩子的"行"与"不行"，很大程度上取决于家长和老师怎样看待孩子。所以，孩子自信心的培养与家长平时向他传递的价值观和教导的方式是分不开的。

## 如何唤醒孩子的自信心？

对自信心不足的孩子来说，唤醒他们的自信心最有效的方式就是正面的话语和信任。积极、正面的话语和信任可以唤醒孩子身上隐藏的才能，没有什么方法比这更能激发孩子的潜能了。父母不要凡事都拿自己的孩子和其他孩子作比较，要肯定孩子的进步和努力。缺乏自信的孩子总是在心里建立消极的自我评价，比如，“我没信心”“我什么都不会”“这个我肯定不行”……这种心理会让孩子越来越不敢尝试新鲜事物，越来越没有信心。所以，父母一定要多说积极、正面的话语。那么，如何才能做到多说积极、正面的话语呢？

第一，**尊重孩子，帮助孩子树立良好的形象**。自我形象就是孩子自己对自己的评估。由于年幼，孩子对自己的看法和评价一般来自成人和同学对他的评价。任何人都有自尊及被人尊重的需要，孩子也不例外。而自尊及被人尊重是产生自信的心理动力，所以父母首先要尊重孩子。

第二，**倾听孩子的诉求**。当孩子说起学校发生的事情或者和小伙伴之间发生的事情时，父母最好不要评价或者劝说孩子，只要做到微笑倾听就可以了。如果训斥孩子，他就会逐渐丧失信心，不再和父母交流。

第三，**允许孩子犯错误**。父母总是非常在意孩子的错误，实际上，犯错误对孩子来说是不可避免的，一个孩子如果不犯错误就永远也无法成长。而孩子一犯错误，父母就大喊大叫，一直批评，就会让孩子什么都不敢做。

第四，**父母要让孩子时刻感受到他们的爱**。这并不是说父母在遇**到孩子做得不对的地方，就不能严厉批评，而是要掌握一个度，严厉**

**却不伤慈爱，让孩子知道父母是爱自己的。**这样当孩子遭遇困境和挫败时，才会有动力重新开始。

巩固孩子的信心是一个不间断的过程。当父母看到孩子因为不断进步而树立起信心时，也千万不要松懈，一定要继续肯定孩子，让他对自己所做的事及未来充满信心，养成自信、正能量的思维方式。

## 孩子不知道为什么学习，家长应该怎么说？

### 让孩子自发、主动地学习

在日常生活中，很多家长在孩子写作业的时候都陪在孩子身边，寸步不离。只要孩子开始写作业或者学习，全家人就立刻进入紧绷的状态。不仅说话要小声、走路踮着脚尖，看电视更是想都不要想，因为电视的声音会分散孩子的注意力。还有的家长为了和孩子交流，把孩子正在学习的课程都学了个遍，甚至连孩子语文课本上需要背的课文全部背诵下来，就是为了给孩子树立一个好榜样。可实际上，即便如此，孩子的语文成绩也并不会完全朝他预期的方向发展。

还有的家长在孩子写作业的同时，和孩子一起同步改错，结果孩子的作业质量越来越高，老师也会表扬孩子写作业认真，可是孩子的学习成绩却没有得到任何提升。还有一小部分家长，虽然不是在旁边陪着孩子写作业，却在孩子写作业的过程中，全权保障后期工作，一会儿送杯水，一会儿拿个水果，一会儿又从门缝里窥探孩子到底有没有认真写作业……而孩子不仅不买账，还会觉得父母这样做真的很烦。

家长这种盲目的教育方式，会逐渐让孩子迷失自我。孩子不知道自己究竟是在为谁学习，为父母，或者为老师？家长可以帮孩子检查作业，但是不能直接指出错在哪里，或者直接帮孩子改对，这些行为是非常不可取的。在发现孩子的作业有错误时，家长可以要求孩子自己检查一遍。如果孩子实在检查不出错误，就要等老师检查作业时再帮他指出错误，这样孩子才会记忆深刻。如果孩子要求家长帮忙指出错误，家长可以和孩子一起剖析这道题的错误。除此之外，不要每天都陪孩子写作业，写作业是孩子自己的事情，而家长也有自己的事情要做，不要一直围着孩子转。

如果孩子无法自发、主动地学习，不清楚自己学习究竟是为了谁，这种情况下教育是很难成功的。当然有些孩子会问家长："妈妈，我到底为什么要学习？"那么，家长此刻的回答是至关重要的。但无论孩子问与不问，家长都一定要让孩子知道，他学习不是为了别人，而是为了自己。等孩子年纪大一些，再逐渐向他渗透，学习也不仅仅是为了自己，更是为了社会，乃至国家。拓宽孩子的心量和格局，才会让他有一个更开阔的未来和人生。

## 学习是为了实现自己的个人价值

一个刚上学没多久的孩子问爸爸："爸爸，我为什么要上学？而且还要上很久。"

爸爸说："儿子，你知道吗？一棵小树长一年的话，只能用来做篱笆，或当柴烧；而长了10年的树可以做房梁上的檩条；长20年的树的用处就更大了，可以做房梁，可以做柱子，可以做家具……"

停顿了片刻，爸爸又继续说道："一个小孩子如果不上学，他7岁就可以放羊，长大了能放一大群羊。但除了放羊，基本干不了别的。如果上6年学，小学毕业，在农村，他可以学一些新技术种地；在城市，他可以到建筑工地上打工，做保安，也可以当个小商贩，小学的知识基本够用了。如果上9年学，初中毕业，他就可以学习一些机械的操作了。如果上12年学，高中毕业，他就可以学习很多机械的修理了。如果大学毕业，他就可以设计高楼大厦、铁路、桥梁了。如果他硕士、博士毕业，他就可能发明创造出一些我们原来没有的东西。儿子，现在你知道了吗？"

他的儿子似懂非懂地说："知道了。"

爸爸又问："放羊、种地、当保安，丢不丢人？"

儿子说："丢人。"

爸爸说："不，不丢人。他们不偷不抢，干活赚钱，养活自己的孩子和家人，一点儿也不丢人。不是说不上学，或上学少就没用。只不过像只长了一年的小树一样，有用，但用处不如大树多。不读书或读书少，他们能够为自己感到自豪的概率就小。虽然读书多，花的钱多，用的时间也多，但是他们为自己的人生感到自豪的概率也大。"

像上面这个案例一样，用一个小故事告诉孩子一个道理，孩子是很容易接受的。如果你对他说，你是为了自己学习，为了实现自己的人生价值，孩子很难理解我们的话是什么意思，也不清楚什么是人生价值。

但由于孩子年纪尚小，心智还处于发育、发展阶段，他们的进步和习惯都是螺旋式上升的。可能坚持一段时间后，动力就减退了，这时家长一定要配合奖励的措施。外部奖励是激励孩子开始做某件事的理由，然后重心就要转移到孩子做这件事的过程中的进步和成长。不管这个进步多么微小，都要及时反馈给孩子，让他知道只要坚持做这件事"今天"就会比"昨天"更好一点，从而逐渐明白积累的价值。任何外部奖励都敌不过孩子内心的成就感，而这正是他日后能自觉坚持的动力，但在最开始时需要用外部奖励给孩子一个开始的理由和动力。

## 对于前期给孩子的小奖励，有 7 个小建议给你

1.不能滥用奖励，一定要用在当前对孩子来说最重要的事情上，并且这件事确实可以让他成长、获得成就感。不能任何事情都用奖励。

2.奖品一定要是孩子特别渴求的，如果奖励无法打动孩子，他是不会愿意坚持的。

3.前期这件事的目标一定要是孩子可以实现的，可以循序渐进，不要一上来就要求只有又快又好、不能出错才给奖励。目标太难孩子容易放弃，所以要对其进行拆解、细化。

4.奖励标准要量化，不要说写得快就有奖励，而是要说在7点前完成，或者1小时之内完成就有奖励。时间和标准要明确，孩子就会有更明确的完成标准和目标。

5.兑现期限不要过长，要及时兑现奖品，孩子才有动力坚持。

6.奖励的形式可以根据不同的内容经常更换，比如，印章、贴纸、人民币、奖励币、任务夹等，有趣的奖励形式本身也是一种乐趣。

7.对于孩子感兴趣的事，自然就产生了内在动力，即便他做得好也不要去奖励。如果非要奖励，就会起到反作用。孩子对于自己喜欢的事情，是有足够的内在动力去完成和做好的，外部奖励反而会削弱内在动力。

# 孩子在学校里总觉得大家都针对他是为什么？

## 孩子的玻璃心是怎么形成的？

很多家长都和我反映过一个问题，就是自己家的小孩儿总觉得别人都在针对自己。别人善意或者无意的行为、某个随意飘过的眼神，都会让孩子感受到敌意，甚至会有种被抛弃、被孤立的感觉。其实在我们身边，像这样的孩子并不少，但却被很多家长忽视了。家长过多地关注孩子外在的成长，比如，吃没吃饱、穿没穿暖……却忽略了孩子内心的成长。

孩子最初的这种委屈感是如何形成的呢？委屈感是一个人受到了不应该有的指责或者待遇，从而在心里产生难过的感觉。而这种感觉和平时家里父母的处事方式有很大关系。比如，家里有两个苹果，本来孩子一个、妈妈一个，可是孩子却把两个苹果都咬了一口，这个时候妈妈的内心就会很失落，觉得孩子没有想着自己。可实际上，孩子转身和妈妈说："这个比较甜的给你。"故事在这里发生了反转。可在实际生活中，很少有家长会等孩子把后面这句内心真实想法说出口。大部分家长在看见孩子咬了两个苹果后，就会开始批评他。家长的这种行为，就是孩子最初内心形成委屈感和玻璃心的来源，父母的批评和评价让他感觉到了挫败。父母对孩子的挑剔、指责过多，就是在给孩子传递"我不好""我不行"的信息。同时，孩子也会复制父母的这种模式，习惯用挑剔、指责的方式对待他人。

还有的孩子的委屈感来源于社会交往，比如，孩子和小伙伴互相打闹，偶尔挨了几下打，或者摔跤了，他本身就已经很委屈了，如果再受到家长和老师的误会、猜忌，孩子的内心就会受到伤害。班级里经常会发生这一幕：有同学转过身来和我们家的孩子说话，正好被刚进教室的老师看见了。老师看见的时候，正好我们家的孩子在说话，老师便误会了，批评了孩子一顿，指责他不好好学习，一直和同学聊天，打扰别人学习。孩子心里特别委屈：为什么老师只批评我，不批评另一个同学呢？可他一旦和老师说："老师，是他先和我说话的。"老师最常见的回复方式就是："全班那么多人，他怎么不找别人说话，偏偏找你说话？"这时，孩子的内心真的很委屈，因为明明就是同学先找他说话的，可他这么说之后不但没有得到老师理性的回复，同学们私下还会觉得“他怎么这样，下次我们可都不敢和他说话了，动不动就告老师”。孩子一下子遭受到了这么多层打击，内心的难过会导致他在一段时间内都闷闷不乐、精神不振，在这种状态下孩子又怎么可能开心地学习、健康地成长呢？

此外，委屈感还源于孩子长期生活在被比较的环境里。父母常拿别人家孩子做榜样、作对比，以为这样可以激励到自家孩子。其实，这非但难以起到激励作用，反而容易损伤孩子的自尊心和自信心。尤其很多家长习惯说自家的孩子不如别人，却很少有人会告诉孩子如何才能做得更好以及改变的具体路径和方法是什么。其实这时候孩子是很无助的，这对他的成长并没有任何帮助。反而会让孩子进入其他群体的时候，缺乏自信，产生自我防御，其实他很担心别人说自己不好。随着年龄的增长，这类孩子容易变得偏执，比如，喜欢猜忌，总觉得别人要伤害自己；面对不符合预期的事情，就觉得是别人的阴谋导致的；嫉妒他人；面对挫折，会认为是外界原因导致的，不在自己身上找原因……

## 父母要起到积极作用，多关心孩子生活中的细节

孩子的思想和观念都还处于未成熟阶段，所以父母一定要多关注孩子的心理变化。当孩子在成长的过程中受到了委屈时，父母要及时

了解孩子的心理状态,对孩子进行疏导和沟通。在父母和孩子沟通的过程中,一定要记住以下几点,以免对孩子造成二次创伤,或者引起孩子的叛逆心理,拒绝接受父母的疏导。

第一,**父母的态度一定要平和**。在和孩子沟通的过程中,父母一定要注意控制自己的情绪。情绪一定要平和,千万不可过激,也不能太过冷淡。平和的情绪能让孩子放松心态,愿意打开心扉和父母交流。

第二,**做一个引导者**。当孩子在倾诉自己的遭遇时,父母千万不能粗暴地打断,并以自己思考问题的方式和判断来忽视孩子的倾诉。父母要明确自己的角色定位,作为一个倾听者、疏导者,要引导孩子把事情的经过及想法和解决方式说出来,而不是把自己的意愿、想法强加给孩子,否则就可能让孩子的心灵再次受到伤害。比如,有一天孩子在学校里被同学打了,脖子被抓红了,父母看见后惊讶地询问孩子是怎么弄的。当孩子说是在学校被同学打的后,父母不分青红皂白地直接找学校和学生家长理论,非要向老师讨一个说法。在这个案例中,父母首先没有控制住自己的情绪。其次也没有关心孩子的心理状态,连事情的经过都不清楚,直接去找学校理论,这种行为会直接让孩子产生抵触心理,而且无论以后发生什么事情他们都不敢再告诉父母了。

第三,**引导孩子发现事物的积极面**。在生活中我们会发现同一件事,如果思考的方式不同,就会产生截然不同的影响。所以父母一定要经常引导孩子凡事都要看到事物积极的一面,把注意力放在如何解决问题上，而不是一直沉浸在自己受到的伤害里。

第四，**当父母得知孩子在学校被老师冤枉时，一定要及时和老师进行沟通**。有一次，一个孩子和同学打闹，他的同学不小心把教室里的灯管打碎了，老师追问是谁干的，同学们都指认是他。他痛恨自己无力辩驳，更痛恨的是，后来父亲二话不说就进行了赔偿。虽然父亲并没有责备他，但他心里就是觉得不平衡，感到十分委屈，一直没有说出来。他的父亲明明知道孩子是被冤枉的，但从来没有对任何人讲过。孩子由于委屈，心灵受到了严重的创伤，最后的结果就是对父亲失望至极。

在日常生活中，受到委屈和误解是不可避免的。由于孩子的内心十分脆弱，如果父母不帮孩子及时疏导，就很容易影响孩子的学习和生活，甚至一生。随着孩子年纪的增长，自身综合素质的提升和思考方式的改变，他们的内心自然就会强大起来。

# 孩子不爱思考怎么办?

## 读书不思考，等于吃饭不消化

古时候，有两座大山，山上分别住着两个和尚。两座山之间有一条河流经过，他们俩每天都会到河中挑水，慢慢地成了好朋友。时光匆匆流逝，突然有一天，左边山上的和尚没有下来挑水。右边山上的和尚很纳闷，以为是时间错过了。可没想到之后连续七天，对面山上的和尚都没有下来挑水。于是，他有点儿担心，决定去看看他的朋友是不是生病了或者遇上了什么事情。

等他到达对面山上的时候，看见他的朋友正在庙里气定神闲地打太极拳。他惊讶地问道："你已经一个星期没有下山挑水喝了，难道你不喝水了吗？”

好朋友笑了笑，引他来到了后院，指着一口井说：“这些年来，我每天都抽空挖这口井。上周我终于挖好了，以后就不用下山挑水了！”

经过了对等的时间后，两个和尚得到的却完全不一样。一个人还是继续日复一日的生活，每天下山挑水，做着重复的事情；而另一个人却每天都坚持挖一点点井，积少成多，最终挖出了一口井，可以节约更多的时间去做其他事情。

思考也是一样，善于思考的习惯保持得越久，思想就会越来越有深度，求知欲也会比普通人强烈，终身学习的能力也随之增强，创造力也会越来越突出。只有具备独立思考能力的孩子，才能与时俱进，更好地适应这个社会。

独立思考是孩子成长过程中非常重要的一个方面。而如果长期不锻炼孩子的独立思考能力，孩子的思想就会逐渐僵化。比如，你问孩子：“月亮像什么？”他的回答基本上都是书本上学到的“像小船”或者“圆盘”。你问他：“树上有十只鸟，开一枪还剩几只？”他只会回答“一只不剩”。虽然孩子说的每一个答案都对，都是固定的标准答案，可是都不是他自己思考出来的结果。未来，孩子要面临的是人工智能的时代，而且需要的都是有创造力、有思考能力的人才，一个不会思考的孩子的未来是堪忧的。正如18世纪德国哲学家、教育家康德所说：“人的

**教育不能只是简单地、机械地接受训练,最重要的是要使儿童学会思考。**”所以让孩子养成独立思考的习惯,是十分有必要的。

那么,我们的孩子为什么不愿意思考呢?根据教育学家的普遍调查得出了以下几点原因:

第一,**家长和老师的安排过多**。现在的孩子很没有主见,上学的时候所有的课程都是学校、老师安排的,孩子每天被告知要做的事就是学习,所以他们很少会思考为什么要学这些?这些知识都是从哪儿来的?学完以后能干吗?或者学习语文有什么技巧,同一道题的解题方法除了答案上面给的,还有其他答案吗……他们思考问题越来越简单,逐渐养成了惰性。别人给的答案不加思考就信以为真,有时候思考半天没有结果也会耽误时间,于是逐渐丧失了什么都思考的习惯。

第二,**信息量太大**。互联网时代,带来的是像海洋一样的信息量。当孩子逐渐依赖网络时,自己的判断能力和思辨能力就越来越差。当孩子习惯从这些渠道获取信息和知识时,他的价值观也会发生改变。因为孩子觉得网上的答案代表了大多数人的意见,有那么多人都回答过这个疑问了,自己就不需要再去思考和佐证了,所以逐渐丧失了通过独立思考判断事物的能力。

第三,**家长和老师的忽视**。现在的教育方向和老师的主要精力都集中在知识的传授方面,忽略了对孩子独立思考能力的培养。由于孩子的学习压力大,老师也很少有时间来启发式教学,但是培养孩子独立思考的能力应该贯穿于孩子学习的每一个环节里。

## 与其告诉孩子“你要如何如何”，不如把问题抛给孩子

对于孩子来说，父母的角色应该是一个引导者、指导者，并非解决问题的主导者。好的启发式提问，能让孩子更善于思考，明白事物的利害关系，充分调动孩子的主观能动性。比如，孩子喜欢比尔·盖茨，那父母就要引发孩子思考如何做才能像比尔·盖茨一样，而不是以说教的方式来告诉孩子要怎么做。

古时候，希腊有一位大哲学家苏格拉底就很擅长启发式教学，他从来不正面回答学生们的疑惑，总是抛出一个又一个看似浅显，实则充满智慧的问题，让学生们在一问一答间恍然大悟。所以父母教育孩子也一定要如此，在生活中与其事无巨细地告诉孩子“你要如何如何……”“你必须怎样怎样……”，不如把相对容易理解的问题抛给他们，让孩子自己去领悟该如何做。这样，孩子就有了一个独立思考的过程，印象也会深刻很多。

一部分父母可能也曾想通过这种方式启发孩子的思想，但就是不知道该如何做，不清楚怎样才算启发。好的启发的基础就是善于发问，好的问题能给人启发。

爱迪生是世界上著名的发明家，电灯泡、留声机、电影摄影机等2000多项发明创造均是出自他的手。他之所以能够取得这样的成就，很大程度上归功于母亲对他的启蒙和教育。

童年时代，爱迪生家境贫寒。他的父亲是个文化水平不高的木工，可是爱迪生有一位慈爱的母亲。爱迪生的母亲怀着殷切的希望，因势利导，不断启发、诱导、培养他。

少年时代的爱迪生读了三个月的书就辍学回家了，教育他的责任被母亲承担了下来。小爱迪生对什么都感兴趣，总是缠着大人问个不休，有时父亲失去了耐心，而母亲却是百问不烦。母亲深知孩子好问是求知欲强的表现，针对孩子所提的问题全部耐心解答。

一天，爱迪生跑来问妈妈：“那只鸡坐在鸡蛋上是在干什么呀？”

妈妈连忙放下手中的活儿告诉他：“它正在孵小鸡。孵小鸡就是母鸡把这些蛋焐暖，好让小鸡仔从蛋壳里钻出来。”

过了不久，小爱迪生在爸爸的仓库里依样画葫芦做了个“窝”，放下鸡蛋，自己认真地蹲在“窝”上孵起鸡蛋来。这一荒唐的行为没有受到母亲的嘲笑和责备，她深感自己的孩子有一股奇特的探索欲与钻研精神，是一种难能可贵的天赋，于是耐心地告诉他：“鸡的体温有42℃，人的体温通常是37℃，靠人蹲着孵，是孵不出来的。如果有办法使受精的鸡蛋保持42℃，到一定时间，也可孵出鸡来。”从此以后，妈妈解释问题时更加耐心、具体了。

针对小爱迪生爱思考的特点，母亲趁热打铁，更加注重开发他的潜能。春天树木吐绿，她给儿子讲大自然的奥妙；夏天乘凉，她给儿子讲罗马帝国的兴衰；秋天落叶，她给儿子读小说；冬天炉火旁，她就用物理化学现象滋润儿子的心田。爱迪生对做实验很感兴趣，母亲就给他买名著《派克科学读本》，与他一起对照书本做实验，把孩子引向知识的海洋。

爱迪生的母亲还特别注重从孩子顽皮行为中挖掘积极因素。有一次，爱迪生用钢丝拴住两只猫，用力在猫背上揉搓，想做摩擦生电的实验，结果被猫抓破了手。又有一次，他跑到火车上做实验导致失火，险些闯下大祸。虽然母亲十分担心，但是绝不会因此反对儿子做实验。在母亲的精心栽培下，爱迪生刻苦钻研，终于登上了科学的高峰。

聪明的父母面对孩子的问题时，不是告诉孩子答案，而是引导孩子找出解决问题的方法，让孩子自己去解决问题，在问题中独立思考。思考后，孩子的内心就会开出更美的花朵。

# Chapter 5

## 父母和孩子有效沟通，才能让孩子积极行动

## 你了解过孩子眼中的父母是什么样子吗?

### 你是那个“别人家”的父母吗?

我们总对孩子说:“你看看人家谁谁谁,又考全班第一;你看看人家,钢琴刚过了九级……”但有没有哪个父母会扪心自问,自己是那个“别人家”的父母吗?

孩子是父母的“复印件”,但是父母却总是希望修改复印件,却不修改原件。如此明显不可能的事,却硬要缘木求鱼。大部分父母对自己孩子的期望都大抵相同:学习上出类拔萃、情商和智商都高、对父母言听计从、对老师友好尊重、才艺突出、相貌不俗……我们可以静下心来想想,这是孩子吗?这几乎是个神。

那么，孩子对父母的期许又是什么呢？如果他们也希望我们像世界首富一样有钱，帅气好看如明星，幽默健谈像个智者……你又能达到他们的期许吗？父母往往觉得自己对孩子付出了太多，爱孩子超过了一切。可事实上孩子对父母的爱从来不比父母对孩子的爱少，我们很少会听到一个孩子对父母抱怨："你不像哪个富翁那样有钱，你不像哪个明星那样好看，你不如哪个学者博学……"即便有过类似的想法，他们也都在自己的小小心灵里用对父母的爱把抱怨给压制了。

那么，孩子对父母不满的源头究竟是什么？一组调查数据显示，孩子的不满大多源于以下几点：

第一，我每次看电视、玩电脑，妈妈都不允许，所以她不在家的时候我就偷偷玩。在她回来前我再把电视、电脑关掉，没想到妈妈还会去摸电视的温度，后来还把网给断了，她怎么能这样？

第二，我每次关门写作业，爸爸妈妈都会以各种方式来我的房间，监视我是不是在学习。他们一点儿都不相信我，总觉得我在玩，我都没心思学习了，一点儿自由都没有。

第三，有时我不爱吃的菜，还非让我吃，我真的不饿，也不想吃。他们做的都是他们爱吃的，因为菜都是他们买的。

第四，我妈妈每天都担心我是不是早恋了，无论学校发生了什么，都逼迫我全部讲给她听。我们就是好朋友而已，不知道我妈为什么每天这么夸张？有什么可大惊小怪的？根本不想跟她讲任何学校里发生的事，她只会大惊小怪。

第五，我就喜欢穿自己挑选的衣服，可是妈妈非让我穿她买给我的那件，同学们都嘲笑我，我就是不想穿，妈妈为什么连我穿什么都管？

……

从这些孩子的心声中，我们可以看出，孩子对父母的不满主要来源于生活中父母在处理一些事情的不当方式，而父母通常都只说孩子，比如，“你怎么这么拖拉”“你怎么这么不懂礼貌”“你怎么这么不听话”……父母时常还会因为自己的情绪失控而错过问题的最佳解决时机，造成亲子之间彼此的不理解。

曾经有一个妈妈，给我分享过一段她自己的教育心得：

身为一个母亲，关于怎样教育孩子，我也曾不止一次问自己——在教育孩子的过程中我做对了什么，又做错了什么？我到底想要一个怎样的孩子？

教育孩子是一件很难的事，我们初次为人父母，教育自己都没有取得什么实质性的胜利，又何谈教育我们的孩子呢？可是当我们转变为父母的角色时，我们就肩负着义不容辞的责任！

比如有一次，我女儿早上定了个闹钟，定在了6：30。实际上女儿是想醒了以后，在床上再多躺10分钟。而我觉得女儿平时学习很辛苦，可以多睡一会儿，时间也来得及，索性就把她的闹钟调到了6：45。闹钟响了，女儿在毫不知情的情况下，以为是6：30，所以又多躺了10分钟。可是等她一看表，发现都6：55了，整个人十分惊慌，她很诧异，问了我之后才知道是我把表调了。她怒气冲冲地连早饭都没有吃，洗了脸就去上学了。

当时我也很生气，因为我是一片好心，想让她多睡一会儿。可后来我反思了自己后，才发现自己的做法确实有点儿过分。因为我没有和她事先沟通好，这也是一种不尊重孩子的表现。

我与孩子现在的交流基本不存在太大的问题，我曾经问过她："如果按10分算，我们的交流可以打几分？"她说："可以打9.7分。"这大大出乎了我的意料，因为我预料是在6分到8分之间。她说："减分的部分是因为我老给她灌输鸡汤、我总让她做这做那，以及还有一部分说不清的原因。"能够拥有这个现状，并不表示我们之间之前没有出现过任何问题。其实每个人都有完善自我的内生动力。作为家长，我之前却做出了错误而悲观的判断，对孩子进行批判，表达对她的不满。

但我也做对了唯一一件事情，那就是在与孩子发生矛盾的时候，坚定一个信念：在这个过程中，家长绝对不可以放弃。孩子表现得不成熟，家长不能也表现得不成熟。能够扭转局面的是家长，而不是孩子。总结我的育儿经历，如履薄冰，屡败屡战，最终之所以能赢得孩子的信任，是因为我明白无误地告诉她，我愿意以百分百的真诚与坦然与她谈论人生中任何她想知道的问题。

**只有无私而纯粹的爱，才可以融化坚冰！**通过这位妈妈的教育心得，我们可以看到：她先转变了自己的态度和对孩子的看法，控制好了自己的情绪，从而赢得了一段良好的亲子关系。所以身为父母一定要**先了解孩子，进入他的世界，用他们的眼睛看世界、看问题，才能真正教育出一个好孩子。**

## 养孩子真的不是为了生气

有一个小男孩儿三岁多了，他最近干了一件“坏事”——他把一碗滚烫的菜汤倒进了他爸爸刚从花市买来又费了九牛二虎之力亲自搬回来的名贵花盆里。

爸爸怒不可遏，这小子太淘气了，简直就是个破坏分子！三岁的儿子看爸爸到处找笤帚，已经吓得哇哇大哭了。这时妈妈冲上去拉住了爸爸，说：“你别忘了，我们是在养孩子，而不是在养花！”

妈妈的一番话，在坚定地提醒着爸爸：孩子和花，到底哪个对你更重要？更何况在没有弄清楚事情的缘由之前就要开打，意思是不是在说孩子的自尊和快乐根本不值一提呢？

妈妈蹲下来帮孩子擦干了眼泪，轻声地问：“宝宝，为什么要把汤倒进花盆里啊?”

小男孩儿抽泣着说:“奶奶说……热热的菜汤有营养……我想让花长高高……”

这下轮到妈妈流眼泪了,孩子善良单纯的一颗心啊,差点儿就被扼杀在爸爸的笤帚下了!

无数父母都曾经历过这样的愤怒:刚换的窗户,玻璃再次被孩子的足球踢烂;没用多久的骨瓷餐具,被孩子摔碎了一半;卫生间的卷纸成了孩子身上的“飘带”,飘得屋子里哪儿都是;茶几上摆的东西,全被孩子当成玩具蹂躏得不成样子;烟灰缸、鲜花、报纸、指甲刀、水杯、书……无一幸免。

就像那株被热汤烫了的花一样,这些东西已经破了、碎了、毁了,而此刻我们的愤怒,就是在此基础上将孩子稚嫩、纯净的心灵也搭上。**如果说孩子有什么错,那就是他们缺乏生活经验,同时身上又有无穷的活力!**可谁的生活经验不是在一次次教训里学到的呢?

说到这里,我想起了一个案例:

邻桌有一位妈妈和女儿在吃饭,小女孩儿看上去大约五六岁的样子,小家伙对装果汁的半圆杯子产生了浓厚兴趣,不停地看过去、摸过来,直到“嘭”的一声,果汁连杯子一起摔碎在地上,小家伙的胳膊上也洒上了不少果汁。

“你这个孩子怎么回事?你就是手痒痒!跟你说没说过啊?吃饭的时候不要玩,你就是不听!告诉你啊,你再这样,以后我再也不带你出来吃饭了!还不快跟我去洗手!”妈妈大声地斥责小女孩儿。

戏剧性的一幕就在这个时候发生了,这个妈妈起身的时候太急,没有注意到餐巾还搭在腿上,她刚一转身,那块餐巾就扯着盘子、刀叉、杯子、水瓶……“咣当”一声全摔在了地上!

声音之大引来了所有人的张望,妈妈难堪极了,她怒视着女儿,说:“都怪你!这下你高兴了吧?盘子都摔碎了,还吃什么吃!”小家伙原本就撇着的嘴,终于支撑不住了,“哇”地大哭起来。

一顿本来开心的晚餐就这样在孩子的哭声和妈妈的怒气冲冲中变了味道。其实当孩子把杯子打碎的时候,她自己也被吓到了——如果她知道玩杯子的后果是连果汁也喝不成了,那她一定不会那么做的。可惜,这个孩子才五六岁,她还没有足够的生活经验来指导自己的动作。

这位妈妈这个时候如果用轻柔的声音说:“没关系,再要一杯果汁就好了。玻璃杯是很脆的,非常容易碎,最好不要拿来玩,知道了吗?”

如果是这样,结果会怎样?孩子在心里会感激妈妈没有骂她,也会更珍惜下一个玻璃杯子;妈妈也不会生那么大的气,当然也就不会心急火燎的，那堆盘子和杯子也不会集体牺牲掉了。

不过这个故事还有后续：

等妈妈拉着小家伙从洗手间里出来时，服务生已经给她们换了一套餐具。但看得出，妈妈和女儿的好心情也和玻璃杯、盘子一起摔碎了。去洗手间的时候，一位女士特意绕到这位妈妈面前，笑着说："别沮丧了，我也和你一样，经常打碎东西，这没什么大不了。"

这位妈妈愣住了，可能在想：这话是什么意思？

她补充了一句："一个杯子、一个盘子，和你们的好心情相比，没什么大不了，简直一文不值！"

孩子妈妈这才会心一笑，说了声谢谢。

我们养孩子是为了生气吗？显然不是。这位妈妈马上被人点醒了，但是孩子刚才受到的惊吓，已经给她心中造成了阴影。我们应该时常反思，当孩子的行为出现问题时，我们的情绪是怎样的呢？若我们平静下来，能否看到孩子的另一面呢？身为父母，我们首先应该反省自身的问题，这样在孩子的行为出现问题时，才能及时抓住教育时机，不给孩子的心灵留下阴影，从而培养孩子健全的人格。

## 为什么孩子什么事都不爱和父母说，有时还撒谎？

### 倾听是打开孩子心门的一把钥匙

孩子与父母之间的关系是整个家庭中最重要的关系之一，父子或母子之间，应该是最亲密的。但是随着孩子慢慢长大，很多因素都会影响孩子与父母之间的关系。

父母不了解孩子想的是什么，孩子也不知道父母想要干什么，双方逐渐产生对彼此的认知偏差，而且这种偏差会越来越严重。比如，孩子回家不再和你打招呼，你就会觉得孩子是不是有什么事情没有告诉你。时间一久，你就会开始怀疑孩子，甚至觉得孩子干了什么不应该干的事情。但实际上可能孩子什么都没做，只是觉得打招呼不是那么必要。

生活中这种类似的案例很多，这种误会会让父母与孩子之前的隔阂越来越大。而它的根源就在于父母不善于倾听，导致孩子逐渐关闭了自己的心扉，以后无论发生多大的事也不会再和父母诉说。

有一天，小艾高高兴兴地放学回到家，妈妈正在做饭。

小艾走到妈妈面前，说："妈妈，老师今天表扬我的同桌了！我的同桌是我们小组的组长，她受到表扬我好高兴啊！"

而小艾的妈妈忙着做饭，就直接说："别说这些无关紧要的话了，老师也没有表扬你，和你有什么关系？赶紧去写作业吧。"

小艾本来还想继续说点儿什么，可是被妈妈冷言冷语说了一通之后，全部堵住了，心情一下由晴空万里变成了阴云密布。再往后，妈妈偶尔说起一些别人家的事情时，小艾都会以一种"和我有什么关系"的态度来应对。她的妈妈根本不知道自己的孩子为什么会变成这样，还以为自己的孩子和同学有矛盾，相处得不好。可她无论如何也想不到，自己的女儿竟然因为自己当初的一句话，变成了现在这样。

**处在小学阶段的孩子都喜欢将一些见到的人或事唠唠叨叨地讲**

出来。这时，父母千万不要嫌弃孩子啰唆或者麻烦，这种唠叨恰好是孩子最早的自主意识体现，他在试图向别人表达自己对这个世界的看法。因此，父母不仅要静听孩子的“唠叨”，还要鼓励孩子多唠叨。通过听孩子讲话，了解他观察事物的角度、内容，以及对事物的理解方式，及时了解孩子的思考能力和价值判断。

同事家的孩子平时学习很好，但一次考完试后闷闷不乐地回到了家里，爸爸问他考得怎么样，他说考了80分。爸爸当时就恼火了，质问孩子：“你平时不都考满分吗？怎么成绩下滑得这么快？你最近都干什么去了？是不是每天就想着玩游戏？”

面对一堆突如其来的责备，孩子的眼泪“簌簌”地往下掉，爸爸一看更生气了：“你考这点儿分还委屈了？哭什么哭！我平时怎么教你的？”

孩子委屈地说：“这次的题特别难，老师说全班最高分就是80多分，我是第二高分。”

爸爸一听，立刻哑火了……

我们可以想到，这个“没考好”的孩子，因为没考好已经很难过了，回到家其实是想得到父母的安慰，可是却受到了二次伤害。家本来是温馨的港湾，如果孩子在家里得不到父母的安慰和理解，那他的心里该是多么无助、彷徨？如果爸爸能在孩子回家后的第一时间看出孩子的不开心、倾听孩子不开心的原因，接下来，不用爸爸再多说什么，孩子也会主动说出自己的优点与不足。

**在生活中，很多父母都是一听到坏消息，负面情绪就瞬间爆发了，还没有问清楚事情的来龙去脉，就已经以各种粗暴的方式来对待孩子了。**因为不懂得倾听，父母用自己轻率、粗暴的行为深深地伤害了孩子且又不自知。即便很多父母事后认识到自己的错误，也得过且过、不以为意。但是对孩子的影响不会就此翻篇，父母的情绪不仅会伤害孩子幼小、单纯的心灵，还会让孩子为了减小或躲避父母的雷霆暴雨，而选择掩饰、隐藏、删减言语里的重要信息，甚至撒谎。

大文豪伏尔泰说："耳朵是通往心灵的路。"善于倾听的父母能聆听到孩子的心声，能及时分享孩子的幸福、快乐，能在第一时间替孩子分担痛苦、烦恼。因此，**不管孩子和你说话的时候你正在干什么，都要正视自己的态度，表示自己可以做孩子的倾听者，这样孩子才会自觉地向父母敞开心扉。**

## 主动倾听，让亲子间没有谎言

《后汉书》里说："以身教者从，以言教者讼。"就是告诉我们，身为父母，首先要以身作则，做好榜样，如果父母平时说一套做一套，孩子是不会听话的。所以在教育孩子的过程中，父母首先要控制自己的情绪，遇见任何事都不要慌乱。如果情绪过激，可能会使一个本来知道自己错了的孩子，出现抵触心理，对解决问题起不到任何好作用。

通常，能让父母产生负面情绪的都是坏消息，或者是让父母不满的消息。**而孩子在见识过几次父母情绪过激的情况后，为了保护自己，最终的结果就是撒谎**。如果父母得知孩子撒谎，则会火上加火。父母都希望自己的孩子是一个诚实的孩子，可是却很少有父母想要了解孩子为什么撒谎。

当一件事情发生时，父母暴跳如雷地教训、批评孩子，或者对孩子发脾气，他们认为这样做是为了警醒孩子，以后不再犯类似的错误。也就有了为什么孩子会顾左右而言他？为什么受到委屈却什么都不说？为什么有的孩子当面一套，背后一套？为什么孩子撒谎……父母不是想听好消息吗？那孩子就只能报喜不报忧。**孩子撒谎正是为了躲过父母的惩罚和教训**。没有一个孩子从一开始就是善于讨好和撒谎的。

**而积极倾听就是要求家长从孩子的角度看世界。**

在过圣诞节时，一位妈妈领着5岁的儿子去百老汇大街。她认为儿子一定会喜欢那儿的装饰、圣诞老人、洋娃娃，以及装点好看的玻璃窗。可是刚到那里，孩子就开始哭，小手拉紧了她的衣服。

“大家都这么开心，你哭什么啊，怎么了？”妈妈不耐烦地问。

她一低头看见孩子的鞋带开了，以为是鞋带没系好的原因。于是她蹲下给孩子系鞋带。这时，她无意间向上看了一眼，这是她第一次以一个5岁孩子的高度看周围的世界！没有玩具、没有手镯、没有礼物、没有圣诞老人的装饰，有的只是一片混乱的大街，看到的全是人的大腿、鞋子……看上去很是可怕。

从这里我们可以看出，孩子看到的世界和我们看到的是不一样的，要想进入孩子的世界和孩子产生良好的连接和沟通，一定要先“蹲下来”，才能和孩子进行有效的沟通。

和孩子沟通时一定要注意：

第一，**通过身体姿势让孩子觉得父母很在意他说的话。当孩子在说话的时候，父母一定要和孩子的眼神有所接触，并且一定要平视，这样才能让孩子没有压迫感，觉得和父母是可以沟通的。**如果父母正在忙其他事情没有时间，一定要和孩子说：“妈妈正在忙，等我五分钟，我一会儿一定过去找你。”

第二，**把孩子说话中的重点，用重复的话语说出来。**如果孩子和你说：“妈妈，我再也不想和小樱玩了。”你可以用重复孩子语言的方式，来对孩子的话表示疑问。这样的表达方式，对孩子来说也是一种引导。孩子会在这个过程中，和你具体描述自己为什么不想再和小樱做朋友了，进而就会逐渐意识到自己的问题和自己真实的想法。可能是因为小樱和小红一直玩，忽略了她，而不是她真的不想再和小樱做朋友了。

第三，**引导孩子察觉自己内心的想法**。和孩子沟通的过程中，一定不要把自己的判断强加到孩子身上，要用引导的方式，让孩子说出事情的全部经过，比如，“然后呢？”“后来怎么样了？”“那你觉得应该怎么办呀？”……通过这种引导方式，会让孩子逐渐看清自己的想法是什么，同时也尊重了孩子的想法和独立人格。

# 好孩子是“夸”出来的？

## 过分夸奖会让孩子骄傲自满

很多家庭中存在这样一种现象：当他们觉得“好孩子是被夸出来的”之后，只要孩子做了一点儿事情，父母就会给予孩子过多的赏识和言过其实的赞叹。比如，看到孩子学会了自己洗衣服，父母马上跑过来说：“哎呦，宝贝真能干，妈妈小时候都没你能干！”看到孩子考了100分回来，妈妈会马上说：“儿子真棒，谁也没有我儿子厉害！”……

当赏识教育开始流行，很多父母都在赏识教育下，给孩子很多言过其实的赞叹。在这种情况下，孩子的确会变得越来越有自信，但也渐渐变得骄傲自大起来。渐渐地，父母发现这样称赞孩子，导致他们变得无法接受任何纠正和批评，有了错误说不得，闹脾气，更别提改正错误了。也有的孩子变得胆怯了，没有百分之百把握的事情坚决不做，不能接受挑战，提升自己。很多父母对赏识教育产生了疑问：是不是不应该实行赏识教育？

孩子在成长过程中需要赞扬，这一点毋庸置疑。很难想象一个孩子在没有赞扬的家庭是怎样成长的。赞扬是亲子关系的润滑剂，是鼓舞孩子士气的风帆，有时候还是教育孩子时的四两拨千斤。**赏识教育的核心是认清孩子的优缺点，激发他们的内部动机，对他们产生持续的影响。**通过父母的评价方式，让孩子逐渐学会恰当地评价自己。

可现在很多父母没有把握好赏识教育的分寸，过分称赞只会让孩子变成一个眼高手低的人。

小涛的父母都是白领，除了能给小涛高质量的物质生活，父母也很重视小涛的教育。在小涛很小的时候，父母就对他进行了赏识教育。

只要小涛有了进步，做了一点儿好事，父母就会拼命地表扬他。有时，小涛做了错事，父母想要批评小涛，却被宠爱小涛的爷爷奶奶拦下了。时间久了，小涛也没有以前那么爱学习，慢慢变得骄傲起来。有一年暑假，老师留的暑假作业，小涛没有完成，老师批评了小涛几句，没想到小涛居然当场就和老师争执了起来，还说老师留的假期作业太垃圾了，他懒得写。

小涛的这种行为，正是被父母过度的赏识教育给惯出来的。首先，父母要及时纠正自己过度夸赞孩子的行为，做到**夸之有度**。其次，当孩子出现自大的表现时，父母一定要及时纠正，给孩子**适当泼点儿冷水**，让孩子清醒清醒，学会理性地评价自己。俗话说："虚心使人进步，骄傲使人落后。"对于成长中的孩子来说，抑制他们的骄傲自大，是让他们学会谦虚待人最好的方法。但如果父母对孩子的骄傲行为置之不理，那么在以后的发展道路上，孩子可能会面临更大的阻碍。

## "表扬"和"鼓励"的区别你知道吗？

一天，一位学者到当地一个教授家做客，一进门便看到了一个天真、聪慧的小女孩儿。当她得知这个小女孩儿是教授的女儿时，便夸奖了一句："好漂亮的孩子，真是天生丽质啊！"说着，便用手抚摸了一下女孩儿漂亮的黄色卷发。

教授听了之后，说："请向我的女儿道歉！"

学者感到很纳闷！

教授说："你是因为她的漂亮才夸奖她，而漂亮并不是她的功劳。一个只有5岁的孩子还没有明辨是非的能力，你夸奖了她，她就会认为这是她的本领。一旦认为天生的美丽是值得骄傲的资本，她就会看不起长相平平的孩子。而且，你未经她的允许就抚摸了她的头发，这会让她认为一个陌生人可以不经她的同意就随意抚摸她的身体……”

听到这里，学者恍然大悟。

教授接着说：“有一点你是可以夸奖她的，就是她的微笑和有礼貌，这是她自己努力的结果。”

这里夸奖的不同，就是“固定型思维”和“成长型思维”的区别。“固定型思维”认为：智力和才能是固定不变的，成功不过就是要证明你的能力，证明你是聪明的、有才干的。而“成长型思维”则在说：能力是可以发展的，通过努力学习，随着时间的推移你可以变得更聪明、更优秀。不可否认的是，在孩子成长的过程中确实需要父母的肯定，但过多、空泛而不准确的表扬可能会给孩子带来负面影响。

斯坦福大学著名发展心理学家卡罗尔·德韦克用10年的时间，和她的团队研究表扬对孩子的影响。他们对纽约20所学校，400名五年级学生做了长期的研究，这项研究结果令学术界震惊。

在实验室里，他们让孩子们独立完成一系列智力拼图任务。

首先，研究人员每次只从教室里叫出一个孩子，进行第一轮智商测试。测试题目是非常简单的智力拼图，几乎所有孩子都能相当出色地完成任务。每个孩子完成测试后，研究人员会把分数告诉他，并附一句鼓励或表扬的话。研究人员随机把孩子们分成两组，一组孩子得到的是一句关于智商的夸奖，即表扬，比如，“你在拼图方面很有天分”“你很聪明”……另外一组孩子得到的是一句关于努力的夸奖，即鼓励，比如，“你刚才一定非常努力，所以表现得很出色”……

为什么只给一句夸奖的话呢？

对此，卡罗尔解释说：“我们想看看孩子对表扬或鼓励有多敏感。我当时有一种直觉：一句夸奖的话足以看到效果。”

随后，孩子们参加第二轮拼图测试。有两种不同难度的测试可选，他们可以自由选择参加哪一种测试。一种较难，但会在测试过程中学到新知识。另一种是和上一轮类似的简单测试。结果发现，那些在第一轮中被夸奖努力的孩子中，有90%选择了难度较大的任务。而那些被表扬聪明的孩子，则大部分选择了简单的任务。由此可见，自以为聪明的孩子，大多不喜欢面对挑战。

## 为什么会这样呢？

卡罗尔在研究报告中写道：“**当我们夸孩子聪明时，等于是在告诉他们，为了保持聪明，不要冒可能犯错的风险。**”这也就是实验中“聪明”的孩子的所作所为——为了保持看起来聪明的假象，而躲避出丑的风险。

接下来又进行了第三轮测试。这一次，所有孩子参加同一种测试，没有选择。这次测试很难，是初一水平的考题。可想而知，孩子们都失败了。先前得到不同夸奖的孩子，对失败产生了差异巨大的反应。先前被夸奖努力的孩子，认为失败是因为他们不够努力。

卡罗尔回忆说：“这些孩子在测试中非常投入，并努力用各种方法来解决难题，好几个孩子都告诉我：‘这是我最喜欢的测验。’”而那些被表扬聪明的孩子认为，失败是因为他们不够聪明。他们在测试中一直很紧张，抓耳挠腮，做不出题就觉得沮丧。

第三轮测试中，卡罗尔团队故意让孩子们遭受挫折。接下来，他们给孩子们做了第四轮测试，这次的题目和第一轮一样简单。那些被夸奖努力的孩子，在这次测试中的分数比第一次提高了30%左右。而那些被夸奖聪明的孩子，这次的得分和第一次相比，却退步了大约20%。

卡罗尔一直怀疑，表扬对孩子不一定有好作用，但这个实验结果，还是大大出乎她的意料。她解释说：“**鼓励，即夸奖孩子努力用功，会给孩子一个可以自己掌控的感觉。孩子会认为，成功与否掌握在他们自己手中。反之，表扬即夸奖孩子聪明，就等于告诉他们成功不在自己的掌握之中。这样，当他们面对失败时，往往束手无策。**”

在后面对孩子们的追踪访谈中，卡罗尔发现，**那些认为天赋是成**

**功关键的孩子会不自觉地看轻努力的重要性**。这些孩子会这样推理：我很聪明，所以我不用那么用功。他们甚至认为，努力很愚蠢，等于向大家承认自己不够聪明。

卡罗尔的实验重复了很多次。她发现，无论孩子有怎样的家庭背景，都受不了被夸奖聪明后遭受挫折的失败感。男孩儿、女孩儿都一样，尤其是成绩好的女孩儿，遭受的打击程度最大。甚至学龄前儿童也一样，这样的表扬都会害了他们。

鼓励是指鼓劲而支持，表扬则是指对一件事或品行的显扬、宣扬。**鼓励通常是针对过程和态度的，**比如，“爸爸看到你这学期的努力，为你骄傲”……**表扬通常是针对结果和成效的，**比如，“爸爸看到你成绩提高了，为你高兴”……所以父母评价孩子时应格外注意，鼓励孩子进步的方法有很多，但是最有效的就是对孩子所做的每一点努力都有所反应，再者就是肯定他的努力是在正确的方向上。

# 优秀的父母总能知道孩子在想什么

## 没有理解就没有真正的爱

调查发现，有70%的孩子认为自己不幸福，觉得自己和父母有距离。而大部分的父母坦言，自己还没有找到和孩子正确沟通的方法。

一位父亲曾经做过一个实验，他想测试一下儿子的智力状态。他在两把椅子上面各放了一个垫子，然后拿了一样东西藏在其中一个垫子底下。他把孩子请进来，说：“你跟爸爸说说，东西藏在哪个垫子下面？”

孩子直接走到了没有藏东西的椅子那儿，一把掀起垫子说：

“怎么没有呢？”

爸爸说：“那你先出去一下。”孩子出去后，爸爸把东西藏到了另一个垫子底下，然后又把孩子叫了进来，让孩子选。

孩子再次选择了没有东西的那个垫子，掀起来说：“还是没有呀。”

爸爸十分生气地说：“简直不可理喻！怎么会这样？”

蒙特梭利指出：“孩子之所以这样做，是想让父亲有成就感。”其实，孩子是在跟父亲玩游戏，一种满足父亲成就感的游戏。他以为只要自己发现不了，爸爸就会很高兴，觉得自己藏得很好。但是他不知道爸爸其实是在测试自己的智力，所以蒙特梭利说：“**我们成人根本没有办法了解孩子的真实心理状态。**”

从这个例子我们也可以看出，**孩子说的话和做的事都有他的行为目的**。孩子从很小开始就知道自己做哪些行为和说哪些话可以达到什么目的。**那些经过他们反复尝试成功的经验，会保留在他们的记忆里；那些没有成功的经验，逐渐就被他们遗忘了。**

每个父母都有自己的童年，可是做了父母后，往往就把自己以前还是孩子时的心理状态忘了，一直以自己成熟以后的成人的标准、做事方式来要求孩子。比如，孩子正和小伙伴们一起跳绳，可你非要让她回家。在回家的路上她一直嘟着嘴，因为刚才一直都是她给别人摇绳，好不容易轮到她跳了，这时却被叫回家了，于是很不高兴。父母要了解孩子行为的目的，分析出他为什么会这样，不要只看到孩子不开心的表面。父母只有正面地回应孩子，才会让孩子的错误行为越来越少。如果父母不了解孩子做每一件事的目的，做出不正确的回应，那么孩子的很多错误想法和行为就会被大脑储存起来。

**没有理解就没有真正的爱。**不以理解为基础的付出与爱，只会让孩子越来越抵触，越来越不想和父母沟通，越来越反感。当然，**理解不是目的，但是理解是教育的起点。理解代替不了教育，但是没有理解就很难进行正确的教育。**很多孩子和父母情绪对立，正是因为父母不理解孩子，用简单粗暴的方式解决问题。所以父母一定要洞察到孩子行为背后的目的，耐心地和孩子沟通，这才是恰如其分的教育。

## 父母要适当地向孩子表达自己的情绪

因为孩子和父母所处的年代不同，主流文化也不一样，又由于年龄的差异，看待事物的方式也有很大区别，孩子很难理解父母行为背后的情绪和想法，这就需要父母适当地向孩子表达自己的情绪，这样双方才能更多地理解彼此。

由于工作压力大，这几天徐女士的心情很不好，她本来想和自己的先生聊聊天，缓解一下自己的心绪，可是先生恰巧这几天出差，她想来想去，决定和女儿聊聊。

“女儿，这几天妈妈的心情很不好，你可以陪妈妈聊聊天吗？”徐女士来到女儿的卧室说道。

听了妈妈的话，女儿一阵莫名其妙，不知道妈妈这是怎么了。于是问道：“妈，你咋了，没事吧？”

徐女士见女儿这样的反应，说道：“妈妈就是想和你聊聊。”

“妈，你是不是想问我成绩的事？不用兜圈子吧？”女儿轻慢地说道。

徐女士很伤心，她不明白为什么自己心情不好，女儿都不能安慰一下她。

这是现在很常见的现象，父母普遍觉得孩子不理解自己，很委屈，实际问题就出在了平时的沟通上。由于长期缺乏沟通，所以导致徐女士和女儿的思维很难有良好的接洽。时间久了，孩子就会猜测，妈妈肯定是拐弯抹角地想问我学习情况。如果父母长期不向孩子表达自己的想法和见闻，孩子就会自然而然地觉得你是一个很坚强的人，没有太多的喜怒哀乐，他们会理所当然地觉得父母和自己之间存在一道很深的鸿沟。亲子之间何以变成这种相处模式？

俄国教育家乌申斯基说过：“**如果教育者希望从一切方面去教育人，那么就必须从一切方面去了解人。**”从这个意义上说，真正的教育是从耐心倾听开始的。

有一次，一位母亲的声带做了手术，说不出话，医生嘱咐她一周内不要讲话。这让一贯话痨的她憋得十分难受。恰恰是这段时间，她和儿子的关系变得非常融洽。

做完手术当天，儿子回家一进门就说："我再也不想去幼儿园了，老师笑话我！"

如果平时听到儿子这么说，她肯定会怪孩子调皮捣蛋，不听老师话。但由于不能开口，她只好强忍住了，什么都没讲。

委屈的儿子来到妈妈身边，伤心地哭了起来："妈妈，今天画画，我给蛇画了四只脚，小朋友们都笑话我，老师也笑我说这叫'画蛇添足'！"

她还是没有说话，而是蹲下来把儿子搂进了怀里。儿子继续哭了一会儿，从她怀里钻了出来，说："妈妈，我去玩了，我没事了。"然后高高兴兴地走了。

这次声带手术，无意中让这位母亲体会到了倾听对于改善亲子关系的奇妙功用。

一项调查显示，70%以上的父母承认自己没有耐心听孩子说话。很多时候，是父母不给孩子沟通的机会。忙工作、忙着养家、忙着照顾老人和孩子……一旦有空闲时间，和孩子沟通最多的就是学习的问题。父母都希望孩子活出自我，可自己却变成了一个茫然的人，孩子在这样的父母影响下，是很难活出自我的。其实，孩子是很渴望和父母交流的，他们希望父母用正常、平等的思想和真挚的情感与自己交流。所以在这个问题上，父母一定要积极调整自己的心态，经常和孩子沟通，表达自己的情绪。亲子之间不要只聊学习情况，这只是很小的一部分而已。

## 父母与孩子正确沟通的秘籍：

### 1.与孩子建立双向沟通

由于工作繁忙，父母在和孩子说话时，常常会急着表达自己的意见和指示，期望孩子乖乖照自己的话做，最好不要有意见。所以，如果父母不能仔细听孩子把话说完，会让孩子感觉与父母难以沟通，代沟必然会越来越深。因而家长与孩子说话时的耐心很重要，不但要听完孩子的讲述，还要理解孩子所表达的意愿。在学会倾听孩子的同时，家长也要学会向孩子倾诉。沟通是互动的，是双向的。如果家长只一味地倾听孩子的想法，那你的孩子就有可能变成一个只喜欢吐苦水、不愿当倾听者的人。

**2.注意体会孩子的感受**

如果孩子在外面受了委屈，或当孩子的玩具坏了时，抑或当孩子和小伙伴闹别扭时……孩子会难过好半天，如果家长认为，小孩儿嘛，很快就会忘记的。又或是一味地和孩子说：“没关系的，要坚强。”类似这样硬邦邦的安慰，只会让孩子觉得你根本体会不到他的难过。久而久之，他遇到困难时就不会和你说，而是自己憋在心里。如果父母这样说：“我也很难过，我们一起来想想有什么好办法可以解决这件事情，好吗？”相信孩子听到这样的话一定会有不同的表现。

**3.把自己变成孩子，和孩子打成一片**

在和孩子进行交流时，很多家长喜欢用训斥或居高临下的态度去对待孩子。孩子在家里没有玩伴，这会让孩子对父母产生距离感和恐惧感。试问在这样的情况下孩子怎么敢和爸爸妈妈沟通，或对爸爸妈妈提出问题呢？

**4.和孩子密切相处，了解孩子的想法和喜好**

沟通最主要的一个方式就是聊天。爸爸妈妈要腾出时间和孩子相处，密切观察孩子对哪些事物感兴趣，了解他最近是否遇到苦恼的问题，然后根据孩子的想法和喜好寻找话题进行交流。这样会激发孩子和父母交谈的兴趣，促进亲子关系融洽发展。

**5.及时了解孩子的发展程度**

父母应该知道多大的孩子理解多少的话。如果父母净说些孩子无法理解的话，或提出一些孩子达不到的要求，这不仅让孩子觉得辛苦、压力大，亲子间的对话也势必难以搭得上线，就很容易造成交流不畅而使双方产生代沟。

**6.对孩子的要求要适当合理**

每个孩子都拥有独特的资质和潜能，如果想让你的孩子有良好的发展，那么现在开始停止按你的喜好来为孩子选择学习的内容，停止逼迫孩子进行一些活动。**了解来自观察，**例如，孩子对音乐特别敏感，听到音乐就异常兴奋，平时能模仿不同的声音，对音阶的掌握很精准，喜欢各种乐器，那么表明你的孩子在音乐方面有很大潜能。可以和孩子商量，让他参加音乐类的学习。

**7.回答时要注意方式**

孩子提出问题时，应先了解其真正含义，并针对孩子的需求做回答。例如，孩子问："妈妈，你要不要去买菜？"这个问题的真正含义是：妈妈，我想跟你一起去买菜。假如你知道孩子的真正目的，就可以说："是啊！你要不要一起去？"孩子听了必定会很高兴，因为这正是孩子当时的心愿。孩子都是具有好奇心的，他们提出的每个问题都可能是他们思想火花的一次闪现。如果家长随意对待，敷衍了事或者信口雌黄，那么很可能扼杀孩子具有创造性的想法或把孩子引到一个错误的方向上。家长要重视孩子的好奇心，对孩子提出的问题，要有耐心，认真回答。在方式上不可生搬硬套理论解说或用成人化口语，尽量采用拟人化或童话式的方法向孩子讲解，符合孩子“泛灵”的特点。

8.避免用负面意义的语气

所谓的负面，比如，家长不要用“我命令你……”“我警告你……”“你最好赶快……”“你马上给我……”“你怎么那么笨……”“我不允许……”“限你在五秒钟内……”“我数到一、二、三……否则……”“你应该……”“你真笨”“你好坏”“你太让我失望了”“不可以”等带有指挥、命令、警告、威胁、责备、谩骂、拒绝等负面意义的说话语气。也许你一时控制不住自己说出的一句话，却会对孩子幼小的心灵产生巨大的影响。而且说得多了，孩子对此更会持无所谓的态度，所以家长再说类似的话就没有任何意义，还会让孩子感到厌恶。因此，当你很生气时，一定要让自己的情绪稳定下来后再去和孩子进行交谈。因为人生气的时候是会失去理智的，不要让不理智的情绪控制住你的语言。

9.经常变换新鲜的话题

经常变换新鲜的话题会引起孩子的兴趣，例如，“你猜猜看今天我遇到了什么事？”“你知不知道为什么小孩子最喜欢恐龙？”“如果有一天，太空人真的来到地球……”等问题，相信会比“今天过得好不好”更能吸引孩子。因此有时一些啰唆的话反而会起到更好的效果，只要运用得当。

10.充实孩子的生活经验

父母与孩子交流的题材，大部分来源于生活，因此培养孩子拥有一颗敏锐、好奇的心是很重要的。父母可以带领孩子观察身边的各种事物，如一花、一草、一木，路上车子的颜色、造型，街上的行人，百货橱窗等，都可以成为谈话的素材，孩子的观察力会自然而然地提高。当然，父母是孩子的第一任老师，父母的引导对孩子是十分重要的。

以上10种沟通秘籍既能让孩子敞开心扉，又能将自己的意愿传递给孩子，而且不伤害与孩子的感情。因此，对待孩子提的要求，如果是合理的，父母就不应该只是口头答应而不兑现。而对于孩子提出的不合理要求，也不能一味地使用严厉的词语来拒绝，从而使孩子的心灵受到伤害。总之，充分理解孩子的想法，做出正确的回应是父母应努力做到的。

# 孩子做错事，父母究竟要不要批评、惩罚

## 不当地惩罚孩子，会影响孩子的成长

近几年在教育孩子的问题上，大部分家长已经逐渐摒弃了体罚孩子的做法。研究显示，打孩子并不能起到管教的作用，也不能教孩子明辨是非。

还有研究表明，体罚会增加孩子的攻击性，会激起孩子的报复心，使其更加叛逆。

打孩子甚至会对孩子的大脑产生潜在影响。2009年的一项研究对23位曾多次遭受严厉体罚的青少年进行了对照测试，发现他们的大脑前额皮质有一个区域灰质数量有所减少，而这一区域被认为在社会认知上发挥着重要的作用。这些被测试者的智商也低于对照组。

“虽然这项研究样本数量较少，但是却提供了一个生物学角度的依据。”美国儿科学会最新声明的作者之一、塔夫茨医学中心的儿科医生罗伯特·D.塞吉接受《纽约时报》采访时如此表示。他说：“**孩子与父母的关系，是我们人生中最重要的关系之一。在这段相亲相爱的关系中，消除暴力、避免恐惧是非常重要的。**”

很多家长不由得产生了一个疑问：孩子犯错，到底要不要批评、惩罚？父母的一肚子苦水无处可倒。教育学专家在这个问题上建议家长们：可以惩罚、批评，但一定要适度。

晓丹非常喜欢玩乐高，所以她的妈妈就给她买了一套乐高。一天，晓丹的小伙伴小雅和小雅妈妈来她们家做客。晓丹和小雅见面后，刚开始玩得十分融洽，后来小雅不小心用椅子压坏了晓丹的乐高。晓丹看见后十分愤怒，那是她最喜欢的玩具，于是对小雅大喊道：“你怎么这么笨，你赔我的乐高！”

小雅听见晓丹的叫喊，一下子懵住了，站在原地不知所措。两位妈妈闻声赶来，得知原来是小雅把玩具弄坏了。晓丹妈妈一直劝晓丹说没事儿，回头妈妈再给你买新的。可没想到晓丹妈妈越劝晓丹，晓丹闹得越厉害，搞得小雅妈妈十分尴尬。

于是，晓丹妈妈当着小雅和小雅妈妈的面把晓丹暴打了一顿：

“你怎么这么不懂事？这么没有规矩？小雅是你的伙伴，何况她也不是故意的。我叫你不听话，我看你就是欠打！”

结果晓丹哭得更凶了，小雅和小雅妈妈也越来越尴尬。

在小伙伴和小伙伴妈妈的注视下，晓丹被妈妈一顿暴打，从此自尊心受到了极大的打击。她不明白为什么最爱她的妈妈，不站在自己这边，对妈妈的信任也大打折扣。

妈妈的这种做法是非常不可取的，亲子间的情感关系会越来越疏离。

其实，每个人都有被别人尊重的需求，不要以为孩子年龄小就不需要被尊重。教育学家早就告诉过我们，**伤害孩子的自尊心是教育孩子的大忌。**

提起对孩子的伤害，大部分家长都会联想到孩子在校园被霸凌、被欺负、受体罚等。但对孩子而言，“软”伤害远远胜过这些“硬”伤害。在他们心中排第一位的是“软性的语言伤害”。“中国少年儿童平安行动”组委会曾经公布一项内容为“你认为最急迫需要解决的校园伤害”的专项调查，结果显示，81.45%的孩子认为“语言伤害”是最亟须解决的问题。

家长在批评孩子时一定要对事不对人，简单粗暴的否定和讽刺是非常不可取的。比如，孩子的考试成绩不理想，家长说“你怎么这么笨，我看你长大也没什么出息”“你现在就学会了撒谎，以后得变成什么样，长大了就是社会的败类”……这一类人身攻击的言语，是最伤孩子自尊心的，极容易导致孩子自暴自弃、不思进取、对自己全盘否定。

真正会教育的家长，是绝对不会去伤害孩子的自尊心的，反而善于满足孩子的自尊心。人都有一个特点，你说的事情让我内心满足，我当然愿意听你的，否则我为什么要听你的？当孩子感受到家长对他的尊重时，他就会听你的话；如果感受不到家长的尊重，他就会相当反感。

## 在尊重孩子的基础上，家长要如何批评呢？

有这样两个小学生的母亲，当她们发现孩子的作业做得不认真时，采取了两种截然不同的态度，其效果也大相径庭。

有位妈妈发现孩子的作业写得特别潦草，非常生气，盛怒之下撕了孩子的作业本，说道：“说你几次了，你怎么就不长记性，作业还写这么乱，你给我重写！”

孩子拿着撕碎的作业本，望着自己辛勤劳动的成果就这样被妈妈毁于一旦，很是生气，嘀咕道：“我就不给你好好写，爱撕你就撕，看你能撕多少！”

孩子生气归生气，但作业明天还得交，无奈只得重新写。孩子的心里憋了一口气，写得还不如之前好。妈妈见了大怒道："我的话你怎么就是不听呢！"妈妈刚想撕掉，可一看表已经10点多了，重写已经不可能了，只好这样了事。

而另一位妈妈发现孩子的作业写得很糟糕，虽然也很生气，但她克制住了不满的激动情绪。她知道，孩子不是不能写好，而是态度不端正。于是，她对孩子说："你今天的作业怎么写得这样潦草？这样写，老师会认不出来的，你最好重写。我知道你不愿意，可为什么我还要坚持让你重写呢？因为妈妈相信你能写好，第二遍肯定会比第一遍写得快，而且会好得多。妈妈绝对相信你！"

孩子一听，再看看自己写的字，说道："妈妈，我再写一遍。这次我一定认真写！"

写完后，他让妈妈过目，妈妈认真看过后，高兴地说："我儿子的作业写得真工整，一定会得到老师的表扬。"

同样是让孩子重新写一遍作业，两位母亲不同的做法，得到了两种截然不同的结果。所以家长批评孩子时，一定要在肯定中批评，家长要设法在孩子的错误中找出闪光点，肯定孩子之前的努力和成绩。肯定中的批评是最有效的批评，不仅可以督促孩子改正错误，还可以帮孩子重建自信。

## 有智慧的家长这样引导孩子“自我反省”

有一天，一个小孩子在墙上乱涂乱画，他的爸爸看见后，用欣赏的眼光对儿子说：“你画得真好啊！我以前怎么没发现呢？我们应该把这幅画带过去给爷爷看。”

儿子好奇地说：“可是我画在墙上怎么给爷爷看呢？”

爸爸说：“你真聪明，我怎么没想到呢？那怎么办呀？”

儿子说：“画在纸上带过去就可以了呀！”

爸爸立刻开心地给孩子拿了一张纸。儿子画好后，爸爸带儿子去爷爷家时果然把画拿给爷爷看了，而且得到了爷爷的赞扬。孩子非常高兴，很有成就感。回到家后，爸爸说：“你继续在墙上画吧。”

儿子说：“我不要在墙上画，要在纸上画，画好了带给爷爷看。”

爸爸说：“那好吧，随你喽。”

从这个案例中可以看出，爸爸基本上没用任何说教，就轻松地把孩子引导至在纸上画画，这是一种根据孩子心理进行启发的教育方式。如果当时孩子爸爸呵斥他，孩子内心就会有很严重的挫败感，因为孩子并没有觉得在墙上画画的行为是不正确的。

孩子在年幼的时候往往以自我为中心，很容易就忽略了周围人的感受，这时候父母的引导是非常重要的。如果父母对孩子自私、错误的行为视而不见，或者纵容，对孩子的成长是十分有害的。每个孩子都是伴随着错误成长起来的，而父母就是要陪伴孩子成长，让孩子在错误中变成更好的自己。

## 大人说话，小孩儿别插嘴

### “小孩子懂什么？”

相信家长们对下面这个场景一定不陌生：家里来了客人，大人们正在聊天，家里的小孩儿时不时地在旁边插嘴打岔，大人之间的谈话三番五次地被打断。这时候，家长难免会感觉到尴尬，甚至有点儿恼火，有的家长可能会说出那句经典的话：“大人说话小孩子听，不要插嘴！”

在家长眼中，孩子就是孩子，他们说话一般不会引起重视。这样做，往往会打击孩子敢于发表自己不同意见的积极性。家长骂多了，孩子慢慢变得沉默寡言，内向起来。做父母的总是以大人之间说话，小孩儿随便插话是缺乏教养为由，约束孩子的话语权。以为这样，孩子长大后就会有教养，这是错误的。

虽然打断别人讲话是一种不礼貌的行为，但是孩子其实并不是故意要打断。6~8岁的小孩子喜欢插话，这是由于他们这个年龄段的特征所引起的，主要在以下这几种情形中出现：

**1.孩子对谈话的内容感兴趣**

随着年龄的增长，孩子接触和了解到的事物越来越多，同时对很多新鲜和未知的事物也充满了好奇。当孩子听到大人们的谈话内容是他所熟知的或者感兴趣的，孩子就会“情不自禁”地插话。

比如，大人们正在讨论关于孩子们的学习方面的问题，一旁的孩子听见了，可能会迫不及待地插嘴说：“我的学习如何如何……”像这样的情况，如果孩子插嘴的内容和大人们谈的话题相关，完全可以给孩子一个机会，试着让他参与进来，一起讨论，发表自己的观点，表达内心的想法，练习怎样与人沟通交流。当孩子对大人们的谈话表示不懂和好奇的时候插嘴，父母就应该适当花点儿时间跟孩子简单解释一下。粗暴地拒绝孩子，甚至当着客人的面批评、教训孩子，都是不可取的。

**2.孩子想要引起大人的注意**

小孩子跟大人一样，都希望自己能够得到他人的认可和重视。所以，当大人们在谈话时，小孩子会通过插嘴的方式“刷存在感”。

比如说，父母带着孩子跟亲戚朋友聚餐，当父母和亲朋好友聊得热火朝天，特别是现场又没有其他小朋友的时候，孩子就会屡屡插话，提醒父母关注自己的存在。父母带孩子参加聚会，或者在家接待客人时，可以郑重地向大家介绍自己的孩子，又或者给孩子机会和时间让他自我介绍，这样就会让孩子感受到自己没有被忽略。

3.孩子还不懂得等待

小孩子通常想到一件什么事想要告诉父母时，马上就会跟父母说；想要做什么的时候马上就会提出来，总希望自己的问题能立即得到回复，自己的事情能够优先得到解决。因此，不管父母是在闲聊，还是在谈什么重要的事情，他们都会以插嘴的方式打断父母的谈话，直接表达自己的需求。

针对这种情况，父母可以教孩子学会等待，等别人把话说完，再发表自己的意见或提出自己的问题。

**很多时候，大人说话时，孩子插嘴是为了表达自己的见解。从这个角度来说，孩子善于思考，勇于、乐于表达，是一件好事，只不过方法不对而已。**父母需要正确地引导，教会孩子说话的时机和必要的礼节。不要一味地制止或者批评，那样对孩子的成长是不利的。

## 如何对待孩子的反对意见

由于家长和老师都喜欢听话的孩子，所以勇于说出自己不同意见的孩子往往显得与众不同，不同意父母和老师意见的孩子通常不怎么受欢迎，不过有时也会有例外。

我的一个老师朋友，她在小学教书。她告诉过我一个有趣的故事，同时也是很有启发性的故事：

有一次，她在一节一年级的数学课上问："一棵树上站着三只小鸟，一个顽皮的孩子用弹弓打掉了一只，试问树上还有几只？"

几乎所有的学生都举手说："一只也没有了。树上应该是零只。"

而一个平时不太爱说话的孩子却举手说："三减一等于二，树上应该还有两只鸟。"

这句话引起全班同学哄堂大笑。

但那个孩子却执着地说："就是两只嘛。"

于是老师启发说："虽然打掉的是一只，但是弹弓一响，其他两只鸟就飞走了。"这样才结束了那场争论。

虽然那个学生答错了，但是听了这个故事后，我们却觉得那位同学很值得称赞。因为他能不被多数人的意见所左右，而有自己的主见。不怕被人耻笑，而且敢于坚持自己的主张。

发现万有引力的牛顿少年时代很少和同龄的孩子一起玩耍，他喜欢独自摸索、研究事物，在学校里他曾被讥嘲为"乡巴佬"；创立相对论的爱因斯坦的座右铭之一就是“从他人的意见中独立出来”。这两位科学家之所以能取得如此成就，正是因为他们能独排众议。

当然，这么做是不容易的。因为特立独行者往往要顶住外界的冷嘲热讽和各种压力。现在许多公司里，一些年轻人之所以被提升为经理，就是因为他们具有独特的见解，能开拓、推动公司业务的发展。

事实尽管如此，我们的父母仍然喜欢自己的孩子在家听话，在外不标新立异。在学校，当自己的孩子和同学意见不合时，他们就担心“这样会让大家讨厌”。这实际上就是强迫孩子顺从大家的意见，不利于孩子的自我发展。

而充满智慧的家长则全然不同，他们轻视受他人意见左右的人，赞许孩子有不同的意见，喜欢孩子相互讨论和辩论，借此磨炼孩子的处事能力。因此，在孩子反对父母的意见时，我们不应该轻易地责备孩子不听话。如果孩子的意见是错误的，也应该耐心地听他说明、解释，这样才不会扼杀孩子的主见和创造性。

受封建思想的影响，有些封建意识在一些家长的头脑中根深蒂固。其中之一就是喜欢儿女听话，百依百顺，容不得儿女的反对意见，更容不得儿女的反驳。而现在时代已经变了，再要求儿女们百依百顺是很难做到的，而且也不一定正确。儿女们有时的反对或者有不同的意见并不一定就是大错特错，更不是对大人的不尊重和不敬。我们日常生活中的许多事情本来就可以这样做或那样做，并不是只有一种方法才能做。俗话说：“条条大路通罗马。”也是这个道理。

记得有一次，我让女儿去买米。女儿拿了两个提包就准备出门，我看见后把她叫住了：“你怎么不拿小推车去拖呢？还拿两个提包！”

女儿不以为然地说：“我拿两个提包，一手提十斤就拿回来了，何必还推车呢？”

我很疑惑地说：“当然是推车子方便多啦！”

但后来我想这种争论完全是多余的，女儿喜欢用手提，就让她用手提好了。如果真是吃力的话，那么下次不用大人提醒，她也会自己用推车的。这既是对女儿的尊重，也是让孩子到生活中去亲身经历。只有通过自己的实践获得的知识才是最牢固的。

作家里欧·布斯加利亚曾经谈到一场比赛，当时他被邀请去当评委。那次比赛要评出最有爱心的小孩儿，获胜者是一个四岁的孩子。他的邻居是一位妻子刚刚去世的老人家。这个小男孩儿看到那位老人在哭泣，就走进了他的院子，爬到他的膝上，然后一直坐在那儿。后来妈妈问他对那个邻居说了什么，小男孩儿说：“我什么都没说，只是和他一起哭。”

**沟通是以爱为出发点的，沟通中这种爱的表达有两个因素：第一个因素就是尊重；第二个因素就是接纳**。就像这个小男孩儿，他什么都不用说，只是安安静静地坐在老人家的腿上，听老爷爷絮絮叨叨地说话，和老人家一起哭，就起到了沟通的作用。

心理学研究表明: **如果一个人能够对你无条件地积极接纳，不带任何评价地听你说话，无论什么观点，听你把内心的感受说出来，这就是爱，就是沟通最好的境界。**所以家长一定要积极接纳孩子的不同意见。一个人只有对生活有自己的看法，才能肯定自己生存的目的，并为之奋斗。

# Chapter 6

# 父母的正向鼓励是促进孩子成长的良方

# 父母的鼓励是孩子世界里的一道曙光

## 永远给孩子正面的评价

在美国有一个家庭，母亲是俄罗斯人，她不太能看懂英文。随着儿子学习的深入，儿子的功课她越来越看不懂。可每次儿子都会把自己完成的作业拿过来给她看，她都会看着孩子的眼睛真诚地肯定孩子的努力，然后把孩子做的手工，或者作业贴在家里的展示墙上。

家里有朋友或者客人来时，她都会引以为傲地向朋友们介绍儿子的作品："你们看，这是我们家的展示墙，这些都是我儿子的作业和作品，他真的非常努力、认真。"其实小男孩儿的作业写得也不都是那么好，但朋友一听她这么说，也都跟着附和，给孩子很多正面评价。

而孩子有时在自己的房间里，听到妈妈和别人的鼓励，内心总会涌起一股自信：“我明天一定要比今天写得还好。”于是孩子真的写得一天比一天好，也越来越努力、认真，学习成绩也日渐提高。

心理学家曾经做过一个关于孩子最怕什么的调查，调查结果显示：**80%以上的孩子表示自己最怕没面子。**

有很多家长总在亲朋好友面前批评孩子：“就这孩子一点儿也不听话，一天让干什么他偏不干什么”“写作业可马虎了，磨磨蹭蹭的”“我们家孩子太懒了，一天到晚也不愿意动，就爱在床上躺着”……你是否想过，当孩子听到父母这样说自己时的心理状态。**孩子从很小的时候起，就在被动地接受着周围人的评价，在各种各样的声音里长大。**

孩子就像是一张白纸，你给他肯定，他会给你一个又一个惊喜；你说他不如别人，他就会用自己的实际行动证明“我真的很笨”。父母就是这样用言语来塑造孩子的，父母说的每一句话对孩子来说都是一次暗示。如果这些评价是正面，那么孩子便会根据父母的评价，积极地向着父母评价的方向来完善自己。

事实证明，无论是正面评价还是负面评价都会对孩子的心理造成一定的影响。正面评价会起到积极作用，会让孩子感受到内心有阳光在照耀；负面评价则会对孩子的成长起到消极作用，让他的头顶上方一直笼罩着一片散不去的乌云。我们可以设想一下，如果有一天我们的上司在和老总打电话，你无意中听到上司在夸奖你，或者你的爱人在背地里向朋友夸你，你心里是什么感受？

孩子也一样，无论是当面还是背后听到你的评价，他都能理解你的意思。**很多父母犯得最多的错误就是以为孩子还小，听不懂自己说的是什么。可实际上孩子的理解能力远远超过语言表达能力。**所以，父母千万不能用孩子的语言表达能力来衡量孩子的理解能力。即使孩子不能完全听懂我们在说什么，也能从我们的声调、表情中略窥一斑。

**而在各种肯定、鼓励中，被孩子“无意”中听到的，效果是最好的。**当然这种“无意”也是需要一些小技巧的，比如，装作“无意”地对别人说：“我家小孩儿今天帮忙做了很多家务，而且我没有提醒他，他就把房间收拾得很整齐……”在这里，父母需要注意的是，肯定孩子的事情一定要是一件很具体的事情，把这件事情描述出来，这样孩子才知道确切的点和努力的方向。

## 鼓励需要善用

从上文中我们可以看出，父母对孩子的态度和评价就像是摆在孩子面前的一面镜子，孩子总是通过这面镜子来认识自己，形成最初的“我是谁”的观念。因此，镜子反映出的内容对孩子自我概念的建立极为重要。

月月快要小学毕业了，她最近总在耍脾气。不仅拒绝爸爸妈妈翻阅她的书本，“你们别动我的东西！”还拒绝向爸爸妈妈讲述学校发生的事情，“你们能不能别问了？”

只要爸爸妈妈有一丝询问的迹象，她就会表现得异常烦躁。“我和孩子爸爸都知道升学考试给她带来了很大压力，所以经常安慰、鼓励她。但发现越鼓励，她越抵触，越听不进去。”月月妈妈不知道女儿究竟怎么了，是不是在学校里遇到了什么事情。

后来经过和月月沟通后才得知，原来月月从父母那里得到的都是“你很棒”的评语，无论她做什么事情，父母都会夸奖她做得好，所以月月一直都以为自己是同龄人中的佼佼者。

可是最近，学校的同学经常在背后议论她：“她总是觉得自己什么都是最棒的，其实什么都不行。”月月不禁开始怀疑自己：“难道我真的像同学们说的那样根本没这么出色吗？”她回家去问妈妈，妈妈的回答是：“别听同学胡说，我们家月月就是最棒的。”而在之后的一次考试中，月月发挥得并不好，名次比较靠后。月月哭着说：“我再也不相信爸爸妈妈了，他们都是骗我的，我根本就不是最好的。”

从月月的表现中我们可以看出，她一直以来都成长在爸爸妈妈的不断鼓励之中。**很多父母也都会出现这样的问题，以为鼓励孩子就是一味鼓励。当孩子出现问题时，也视而不见，继续以鼓励的方式来应对。**遇到困难和失败，爸爸妈妈也都将原因归结为外部原因，从来没有对月月的问题进行分析、引导。月月自己觉得“我本身没有问题”，当有人告诉月月她本身不像想象的那样好时，月月的“完美形象”就此崩塌，受到了打击。

这就好比孩子摔倒了，父母马上过去把孩子扶起来，没有给予他自己站起来的机会和希望。今天我们培养的孩子不是温室里的花朵，而是可以历经风雨仍茁壮成长的树苗。面对问题的发生，父母不要一味地鼓励，比如，在月月的案例中，父母首先要放平心态，重建月月对父母的信任，再引导月月说出实情，找出问题的核心所在。月月没有承受住现实的落差，被打击了，对自己丧失了自信，考试考得一塌糊涂。父母此时应该帮助月月平复心情，再引导月月重建信心。

在日本的一个村庄里，有一对夫妻四十得子，因而对孩子宠爱有加，这使得在蜜罐中成长的儿子养成了一意孤行的脾性。无论做什么都不太专心，就连走路也走不好，时常跌进水沟里，使望子成龙的父母很是焦心。

儿子7岁那年上了小学，可是他还是不能让父母放心，因为他走路喜欢东张西望，不是弄湿了鞋子，就是弄脏了裤子，经常抹着眼泪回家。

一天，孩子的父亲带一把铁锹去儿子上学必经的田埂上，在上面断断续续地挖了近十道缺口，然后用木板搭成一座座小桥，只有小心走上去才能通过。那天放学，儿子走在田埂上，看到面前一下子多出了这么多小桥，非常惊慌，不知道该怎么办才好。是走过去，还是停下来哭泣？四顾无人，哭也没有人帮忙啊！最终他选择了走过去。背着书包的他晃晃悠悠地通过小桥时，虽然很害怕，却有种满足感。他第一次没有哭鼻子。

回家以后，儿子跟爸爸讲起今天走过一座座小桥的经历，脸上满是神气。父亲坐在一旁夸他勇敢。妻子却对丈夫的举措迷惑不解，丈夫解释道：“道路太平坦了，他就会左顾右盼，当然会跌倒；坎坷的路途，他的双眼必须紧盯着路，所以才能走得平稳。”

这个故事中的儿子就是当今在日本赫赫有名的“经营之神”松下幸之助。正是父亲苦心挖断松下幸之助顺利前行的路，才培养了他直面困难、战胜困难的勇气和信心。

在日本，像松下幸之助的父亲这样故意给孩子制造挫折的教育方式是很普遍的。只有让孩子从小经受一些挫折，日后才能独立战胜生活中的困难，从容地走向成功。

当孩子遇到困难和问题时，父母要鼓励孩子勇敢面对，而不是一味地对他说："没事，没事，你很棒！"人生的旅程中绝不可能永远是平坦的，坎坷、荆棘、困难随时都会出现。父母不是要把孩子培育成一朵温室里的花朵，而是要鼓励孩子敢于同困难交锋、同挫折抗争，这样即便跌倒，也能自己爬起来，最终成为自己命运的主人。

## 通过鼓励，让孩子看见自己内在的进步

### 要看到孩子写得最好的字

孩子的行为都有好的一面和不好的一面，作为家长一定要善于发现孩子好的一面，并肯定这种好的行为，这样孩子就会建立起自信，并逐渐自觉修复不好的行为。如果父母总盯着孩子不好的一面，孩子就会变得沮丧而逃避责任。

十分常见的情景就是一个孩子在写作业，好不容易写完了一页字，但是大小不一，有的出格，有的歪歪扭扭，一页字里有写得好的，也有写得不好的。父母检查作业时，通常都会指出写得特别差的那几个字说："你看看你这个字都写出格了，擦了重写！"如果孩子写错了太多，父母就会将其直接撕掉，让孩子全部重写。孩子高兴的心情，最后往往都会变得低落。有一些孩子后来演变成，只要一看到父母过来，就马上用手把作业本盖起来，不让父母看。

父母都习惯性地放大孩子做得不好的一面，而忽略孩子好的一面，以为好是理所当然的。那么，能看到孩子好的一面的父母是怎样引导孩子的呢？

有这么一个场景，一位妈妈正在看自己孩子写的作业，发现这一页没有几个字写得是好看的，妈妈首先平复了自己的心情，找到了最好看的一个字对孩子说："我觉得这个字写得挺用心的。"孩子一听妈妈说她用心，马上就兴奋起来，问："哪个字呀？"妈妈用手指了过去，说："这个字。你是怎么做到的？"孩子看到后，扫视了一下其余的字，竟然把写得特别不好的字主动擦掉，按照那个字的标准重新写了一遍，快乐地完成了一整篇作业。

很多父母不以为意，不认为这有什么，但这就是孩子一点一滴在进步，这样的进步积攒起来就是江海。父母为什么不能像第二位妈妈这样一点点培植孩子的信心，让他对自己有积极的感受呢？孩子的学习能力是可以迁移的，随着这种积极、自信的态度的增长，到最后你会惊讶地发现他的所有成绩都在进步。

## 不要对孩子使用激将法

很多父母在教育孩子时，喜欢用激将法来对待孩子，他们总是希望借由某些刺激来激发孩子的好胜心，从而实现自己的目的。很多父母使用激将法的核心就是说反话，比如下面这个案例：

每次上学前，豆豆收拾东西时都很磨蹭。爸爸有时候在门口等将近20分钟也不见他出来，眼看再不走就要迟到了，豆豆每天都着急忙慌地踩点进学校。豆豆经常刚出门就说："哎呀，我水杯忘拿了。"或者其他事情忘记做了。

有一次，爸爸等得实在不耐烦了，等豆豆出来时，说："你要不然回去吧，等太阳下山再出门，或者等我下班回来你再出门也来得及吧？"

豆豆听到爸爸的话一愣，然后委屈地撅起了嘴巴，一时间沉浸在情绪里，变得更慢了，结果比之前还要晚出门。

豆豆爸爸本来是想让豆豆动作快点儿，想用自己的话来刺激孩子，可是没想到的是，豆豆不仅没有快，反而因为不知道自己该做什么，更慢了，而且他明显感觉到豆豆被他的话伤害了。

不可否认的是，激将法有些时候确实有用，孩子被父母“刺激”一下，可能会在生活、学习中产生动力。但多数情况下，对孩子使用激将法，很容易给孩子贴上“你不行”的标签，给孩子带来负面的心理暗示。“你不行”“你做不到”……时间久了，孩子会越来越不自信，因而变得特别被动，缺乏学习的积极性。孩子会逐渐相信自己真的“蠢”，最后就自暴自弃了。如果是处在青春期的孩子被父母“刺激”后，会和父母对着干，导致更加严重的叛逆。

当遇到问题时，首先，父母不要否认这个事实，也不能使用激将法来解决。其次，父母不能因为要正面鼓励孩子，就忽略他的问题，而是要想办法解决这个问题。当然父母也可以温和地向孩子提醒这个问题，提醒一次就可以了，不要一直反复提醒。当孩子的动作快起来的时候，我们也要及时肯定孩子的行为，让孩子意识到原来自己也可以快起来。孩子得到肯定后，心情愉悦的同时，下次也会继续提升速度。

## 鼓励孩子看到他人的优点，结识善友

### 每个人都渴望被认同

每个人都渴望在与他人交往的过程中获得认可和支持，孩子也是一样。在交往过程中，人们往往对那些也比较喜欢自己的人有好感。**我们渴望被别人认同，别人也需要我们的欣赏。**所以父母一定要教育孩子多多欣赏他人，学会看到他人的优点。懂得欣赏他人的人往往能在社交中占据优势。

现在很多孩子都是家里的独生子女，孩子就是家里的天，他们总是接受很多赞美和偏爱，久而久之就会形成以自我为中心、忽略他人感受的毛病。身为父母一定要让孩子及时改掉这些毛病，让孩子学会主动欣赏他人，这样才有利于孩子的成长。

一位妈妈发现了女儿的优点，她不知道怎么就学会了与大朋友、小朋友、陌生朋友交往，性格开朗了很多。女儿学习轮滑的时候，速度不快，常常落在其他小朋友的后边，她着急过；听到小朋友喊她滑得慢时，她也伤心过。有一天，她学会了轮滑，能在操场上任意滑行了。当她看到有的小朋友还滑得不好的时候，主动过去扶着小朋友，并鼓励道："没关系，我来帮你，我们多滑几圈就好了。"她扶着小朋友在学校的操场上一圈圈地练习。

偶尔星期天的上午，全家大扫除，女儿和爸爸负责擦家具，坐下来休息时，妈妈说："宝贝女儿，擦得真干净。"没想到女儿居然说："妈妈，是我和爸爸一起擦的，没有爸爸的帮助，我擦不了这么干净。"

叔本华曾说："在生命中最能给人勇气的便是得到或重获他人欣赏的信念。"**把你的欣赏表达出来，最好的方式就是热烈的、发自内心的掌声**。要想让孩子能够更加顺畅、快乐地与他人交往，最重要的就是要让孩子学会欣赏和肯定他人。

## 与人合作的能力，<br>已经成为当今社会的人才应具备的重要素质之一

孩子早晚要离开父母的呵护，走向社会，走向群体，包括现阶段和同学友好相处，都需要良好的合作精神，这也是培养孩子与人沟通的一个重要方面。

有人曾做过一个实验：把七八只黄蜂同时关进一个密封的小木箱里，几天以后将箱子打开，发现木箱的四壁分别多出了七八个小洞，且每个洞里各有一只死去的黄蜂。而这些小洞，最浅的也超过了木板厚度的一半。也就是说，只要这些黄蜂在危急关头能够团结协作，每一只都在同一个位置上轮流钻上一段，那么完全可以钻破木箱，化险为夷，走出绝境。可遗憾的是，它们一个个只顾各自逃命，最后全部丧命。

一年两次的南北迁徙对大雁来说都是非常漫长、遥远的路程。任何一只大雁都不可能单独完成这个长达十几天的旅程，它们靠的就是团队的紧密合作。大雁在飞行的时候总喜欢排成“一”字或“人”字，在这种团队结构中，每只大雁扇动翅膀时，都会为紧随其后的同伴增添一股向上的力量。每一只大雁群飞的时候都能比单飞的时候增加70%的飞行效率，从而减少体力消耗，这样它们才能顺利地到达目的地，完成长途旅行。

这两个例子都从侧面反映了合作的重要性。与人合作是孩子在社会化进程中的重要课题。这种能力在某种程度上决定了孩子今后的生活效率和质量。著名心理学家阿德勒指出："一个缺乏合作精神和合作能力的人，其职业生涯、人际关系以及爱情婚姻都会出现严重问题以及遭到失败。"

## 那么，孩子不会与同伴合作该怎么办呢？

**第一，要提高孩子与同伴合作的意识，激发孩子与同伴合作的意愿。**

爸爸妈妈可以利用周末或节假日带孩子做游戏、参观菜市场、小吃店、商店等互相协调工作的地方。孩子一个人玩的时候，爸爸妈妈可以问孩子："你的汽车要加油吗？""你的变形金刚会打仗吗？"……激发孩子渴望与同伴合作的意愿，鼓励他们主动与同伴交往。

**第二，要教会孩子与同伴友好合作的方式，学会为他人着想。**

爸爸妈妈应教育孩子在活动时对同伴有礼貌，用别人喜欢的称呼招呼他们。要与同伴互相谦让，友好相处，分享玩具、图书；对大家都喜欢的玩具不能一味争抢，可以让别人玩一会儿，自己玩一会儿，大家轮流玩。这样，可以使孩子遇事时想到他人，知道有了同伴，才能玩得更愉快。

**第三，要积极鼓励孩子参加游戏活动。**

游戏是培养孩子合作交往能力最有效的方式，在游戏中孩子可逐步摆脱“以自我为中心”的思想意识。如让孩子跟邻居的同伴玩“娃娃家”的游戏，孩子可以做娃娃的爸爸或妈妈，在游戏中履行爸爸或妈妈的义务，洗衣、做饭、带娃娃……让孩子从一个人玩发展到与同伴共同游戏，也就发展了合作能力。

**第四，教会孩子解决合作中遇到的小纠纷。**

孩子与同伴在活动中意见不统一或玩得不愉快时，父母应及时引导孩子相互商量用什么方法可以使大家都玩得愉快，如猜拳、轮流等方法，协调关系，确定共同的目标，使活动顺利进行。

## 观察孩子的兴趣范围，鼓励孩子在乐学中成长

### 孩子不是学习的机器，要尊重他的爱好

在生活中，很多父母在孩子兴趣爱好的选择上都有较强的功利心，对一些与孩子考试、升学有关的，或是感觉高雅的，就积极支援、鼓励，甚至逼迫孩子去学；而对于一些孩子真正喜欢、却不符合父母标准的，就制止、否定。还有一部分父母往往根据自己的人生观、价值观把不同的职业、人群划分为三六九等，并把这种观念灌输给孩子。

英国教育家斯宾塞曾经说过：“**身为父母，千万不能太看重孩子的考试分数，而应该注重孩子思维能力、学习方法的培养，尽量留住**

**孩子最宝贵的兴趣与好奇心。绝对不能用考试分数去判断一个孩子的优劣，更不能让孩子有以此为荣辱的意识。”**

曾有位妈妈和我讲述过她对女儿兴趣爱好的培养方法，我听后觉得她的做法十分正确，在此分享给大家：

看见女儿走进厨房后跟在我身后转，一副心事重重的样子，我就知道她遇到难题了，正想开口问她，女儿先说话了：“妈妈，我们高一年级现在开始分班了，音乐老师一直动员我去音乐班，音乐老师说高考时音乐班比文化班要容易得多。妈妈，你说我该不该去音乐班呢？”

看着双眉紧锁的女儿，我沉思了一会儿，分班关系到以后的学习和专业，如何选择才能不选错？这真的很关键。我知道音乐老师动员女儿去音乐班有她的道理，女儿的古筝已经通过了六级考试，马上就考八级了，加上学习成绩好，唱歌、外貌等各方面综合素质都还行，考上音乐学院应该难度不大（只要专业通过了，文化课分数相对低一些）。可我知道女儿不喜欢音乐，不能因为高考时文化课相对容易而选择上音乐班，她喜欢的是文学，我更希望我的女儿将来从事她喜欢的工作。

这么一想，我对她说：“你自己考虑，关键要看你自己喜欢。”

“可是……妈妈，选择真的很难啊！你说现在学什么专业好找工作呢？”

我不假思索地说：“最重要的是你首先要对这个专业感兴趣，这样才能够有耐心学。学什么专业好找工作，现在不好说。”

关于这位妈妈的回答，也许有人会说她不关心自己的女儿。现在很多家长包办了子女的一切，不管孩子愿不愿意、有没有这方面的天赋，在孩子很小的时候就逼着他跟随潮流去学一些可能孩子根本就不感兴趣的兴趣班，比如，钢琴、舞蹈、跆拳道、美术等。高考时不管孩子喜不喜欢，非要逼着孩子填报热门专业。

家长想让孩子学些东西，以后有好的发展，希望孩子填报热门专业为将来的工作寻找出路……做父母的心情我们都很理解。但很多时候，家长这样做反而会适得其反，比如，我朋友的女儿，中考时考上了普通高中，我朋友觉得普通高中的师资力量薄弱，即使高考能考上大学也可能只是普通大学，还不如去学个一技之长容易找工作。于是托关系让女儿上了技校，并按亲戚的推荐去上学费较高的镶牙专业，结果孩子根本不感兴趣，无心学。勉强学了不到两年，在即将实习时为了逃避自己不喜欢的工作，竟然与网友私奔。我朋友痛心疾首，后悔当初不该自作主张。

这世界变化太快，有许多事情是我们无法预料的。现在的热门专业不一定在毕业后就容易找工作。只有尊重孩子的兴趣爱好，才能让孩子在愉悦的氛围中成长与学习，让他按照自己的个性来发展。

很多父母会觉得自己孩子的爱好，简直就是“不务正业”，阻止还来不及，怎么可能鼓励他呢？

每个孩子都有选择自己兴趣爱好的权利，心理学家曾表明：**如果父母一味地制止孩子的兴趣爱好，而把自己的意识强加给孩子，过分抑制孩子，会使孩子渐渐对什么都丧失兴趣，变得空虚、无聊，影响孩子性格的发展**。父母把功利心和不正确的价值观带到孩子的兴趣爱好中，一部分孩子会觉得他所做的事情并不是出于自己的意愿，而是为父母做的，从而丧失学习的积极性和热情，甚至逆反。还有一部分孩子也会受到这种功利思想的影响，变得爱慕虚荣、片面追求所谓的高雅、时尚。

为人父母要学着肯定孩子的想法，着重培养孩子有一种或几种爱好。这样会使孩子的人生变得丰富多彩，充满乐趣和期待。即使孩子现在的兴趣爱好可能与父母的期望有出入，但只要是正当的而非不良嗜好，就应该尊重孩子的选择，鼓励孩子坚持自己的梦想。孩子在做自己喜欢的事情时，他的创造力和潜力才有可能得到充分发挥，专注、认真、持之以恒等意志品质也可以得到锻炼。这些，对孩子的学习也是有帮助的。

其次，父母要对孩子的兴趣爱好给予指导和帮助，和孩子约定好时间，教会孩子正确处理两者之间的关系，合理安排时间。对于孩子的爱好，父母一定要一点点地培养、扶持，细心浇灌、培育。

## 知之者不如好之者，好之者不如乐之者

很多不爱学习的孩子，或者有厌学情绪的孩子，常常把学习当作一件苦差事，也不知道自己为什么要学习，因而陷入迷茫。对于这样的孩子，父母一定要根据孩子的特点进行引导，让孩子把学习当成一件快乐的事情。许多专家证明，父母将孩子的学习游戏化，让孩子在游戏中学习，把学习当成一次次的闯关游戏，这是一种很适合孩子的教育方法。罗杰斯曾说：“**自由程度愈高的学习，身心投入的程度就愈高。**”孩子在游戏中、在玩中往往是最自由的，所以这种方法能激发孩子的兴趣和求知欲。

小雨是一个10岁的孩子，正在读四年级，平时十分机灵，但是对学习毫无兴趣。父母最开始采取了很多方法，但都没有任何起色，也打过骂过，可小雨就是不爱学习。老师也多次和小雨的父母进行沟通，可是都无法让小雨主动学习。

一天，小雨自己在家里玩，在妈妈收拾杂物的箱子里乱翻，翻出了两块磁铁。他把两块磁铁打开，发现有一股力量让它们马上又吸到了一起。把其中一块磁铁换个方向，两块磁铁竟开始排斥对方。他一下子就被吸引了，觉得太好玩了。小雨把一块磁铁放在地

上，另一块还能推着它走，自己玩得不亦乐乎。

小雨的爸爸看见后，问：“你知道为什么磁铁会这样吗？”

小雨不以为意：“这有什么难的？就是这两块磁铁能被吸引，反过来就不能对到一起。”

爸爸笑了，说：“为什么会这样你知道吗？磁铁分为正极和负极，如果两块磁铁都是正面相对，就会相斥；但是，如果一个是正，一个是负，它们就会吸引在一起。”

小雨听了爸爸的解释，对磁铁产生了极大的兴趣，觉得太神奇了——同极相斥、异极相吸。

爸爸看小雨这么感兴趣，说：“这都是初中物理的知识，没想到你现在就学会了。”

小雨一听说这是初中的物理知识，一下子产生了极大的自豪感，萌生了以后一定要做物理学家的想法。

爸爸得知了小雨的这个想法后，非常开心，对孩子的教育终于在误打误撞中找到了一个突破口。爸爸和小雨一起找了很多知名物理学家的生平努力事迹，这些事迹给了小雨莫大的勇气和前行的动力。

## 在生活中很多父母找不到孩子的兴趣点，那么这时候就要主动创造机会

### 1.做汉字卡片

孩子在进入幼小衔接时，学习、生活环境会有非常大的变化，往往会出现各种不适应的情况。简单的阿拉伯数字，对于孩子来说却是一片崭新的天地，需要爸爸妈妈用心为孩子经营。教孩子识字除了可以培养孩子的记忆力，也是一个很好地培养孩子的想象力和观察力的方法。因为汉字中就有很多是象形字或会意字。

可以把汉字卡片做成一首诗，或者一个故事、一首歌谣，和孩子一起识字的时候，通过讲故事或念歌谣的形式，增加学习的趣味性，提高孩子学习的热情。

### 2.和孩子一起玩猜谜的游戏

猜谜就是通过谜面所提供的信息（包括物体的特征、习性、用途等）说出谜底。由于在猜谜活动中需要对谜面进行分析、判断，运用创造性的思维，因此，猜谜是一种较好的益智活动，父母需要注意以下几点：

第一，父母选择的谜语要贴近孩子的生活或者是孩子生活中常见的事物。要想通过猜谜游戏来开发孩子的智力，选择好谜语是很重要的。因为有的谜语太深，孩子缺乏一定的生活经验和知识基础，不易猜

中，这样就会使孩子失去猜谜的信心，这对孩子的智力开发是不利的。如谜语“上边毛，下边毛，中间一颗黑葡萄”，谜底是“眼睛”。由于眼睛是孩子很熟悉的器官，孩子通过分析谜面将会猜中谜底。如谜语“夹生饭”，谜底“烦”。由于孩子尚未认字，所以不易猜中谜底，这样的谜语就不能选择。

第二，鼓励孩子在猜谜的过程中积极思考，促进孩子的思维发展。有的谜语孩子不能一下子说出谜底，这时父母不能把谜底直接告诉孩子，而要对孩子进行适当的启发，鼓励孩子思考，从而促进孩子的思维发展。如谜语“紫色叶片紫色树，紫色树上开紫花，开了紫花结紫果，紫果个个盛芝麻”，谜底是“茄子”。如果孩子一时未猜中谜底，父母可启发孩子动脑筋想一想，我们平时吃的蔬菜中有哪些是紫色的，如茄子、紫甘蓝……待孩子说出后，再让孩子根据谜面提供的信息选择其一。

第三，鼓励孩子自编谜语，促进孩子创造性思维的发展。孩子学会了猜谜语后，父母还可以鼓励孩子根据物体的特征、用途等来编一些谜语，这样做有利于促进孩子创造性思维的发展。需要注意的是，孩子自编的谜语会不成句，或者没有节律，这时父母要耐心地和孩子一起分析，帮助孩子修改，从而增强孩子的自信心。

**3.陪孩子玩拼图游戏**

教育专家认为，孩子的动手能力始于孩子感兴趣的游戏。如果孩子在3岁到8岁期间这个能力没有得到有效的训练，就错过了培养动手能力的最佳时期。孩子在将一块块的图片拼成图画的过程中，对每一块图片都要进行细致的观察，从而有效提高孩子的观察、分析能力 。

同时，孩子在玩拼图的过程中还学会了辨别颜色和图形，并能逐步理解色彩的深浅、线条的曲直、图形的形状等。由于孩子玩拼图时需要静心，无形之中就培养了孩子的耐心及专注力，让他们可以耐住性子做一件事。

孩子的天性就是喜欢玩，如果父母能引导孩子将学习游戏化，会是一种非常有效的方法。以上这几种方法，父母都可以用来实践。

# 孩子考试成绩不理想，父母要如何应对？

## 孩子成绩屡屡受挫，家长要帮孩子重建信心

孩子的成绩问题，几乎是所有家长和孩子都很在意的事情。无论家长平时如何“装作”不在意，可当孩子拿回亮着红灯的成绩单时，他们内心的困扰不言而喻。之前我们提到过，很多孩子可能因为和家长之间存在问题导致成绩下滑，也有一些孩子平时看似很努力，实则都在磨洋工。

这次我们分析案例的孩子是一个真的很努力的小女孩儿晓月。

晓月今年上五年级，上课认真听讲，按时完成作业，但是每次

考试成绩就是上不去。而她的同桌是班里的班长，学习成绩一直很好，次次都考第一。而晓月的成绩，却始终不上不下。

这次考完试，晓月的成绩依旧没有什么起色。回到家里，晓月问妈妈："妈，你说我是不是智商比我同桌低啊？为什么我也认真听课了，我也写作业了，成绩就是没有他好啊？"班长优异的成绩，给晓月带来了巨大的压力。每次被老师点名表扬的人都是班长，她在一旁心里难免有些不舒服。重点是自己真的很努力，为什么就是成绩无法超越班长呢？

妈妈听了晓月的困扰，一时间也不知道该说些什么，而且根据最近老师反馈的情况，晓月的情况越来越糟，老师说晓月的厌学情绪越来越严重。妈妈听了这些消息后，没有告诉晓月，也没有批评她。

周末的时候，妈妈带晓月出去看了一次海，妈妈搂着女儿坐在沙滩上，听海浪的声音拍打着海岸，妈妈对晓月说："你看海边有很多水鸟在抢吃的，但每次浪一过来，这些水鸟就可以迅速地飞走，它们拍打两三下翅膀就立马飞上了高空。但海鸥好像总是看起来很笨拙，它们从沙滩上飞到天空也需要很长的时间。可是你知道吗？那些真正能飞越大海、横渡大洋的却是这些看起来笨拙的海鸥。"

晓月疑惑地看向妈妈，问道："为什么？"

妈妈说："因为真正能够取得成功的人，不一定是看起来聪明伶俐的人，而是那些一直不断努力的人。所以你不要轻易否定你自己，最后能飞过大海的人，说不定就是你哦。”

在生活中，很多成绩差的孩子，也并非是那些一点儿都不努力的孩子。如果他们在努力的过程中没有得到任何回应，久而久之，就会很容易迷失自我，就像在大海中航行找不到方向一样。这时候父母一定要做孩子远方的灯塔，给迷茫中的孩子带去希望和光亮，引导孩子在哪里摔倒就要在哪里爬起来。否则，孩子就会陷入恶性循环，考得差，不爱学习，不爱学习就考得越来越差，最后孩子一定会厌学。

## 不要随意给孩子贴标签

**“标签”具有定性导向作用。贴上的标签，无论是好是坏，都会影响一个人的个性意识和自我评价，结果往往使其向“标签”所预示的方向发展。**其中，儿童最容易受“标签效应”的影响。

在年幼时几乎没有孩子能对自己的未来有清晰的认识和定位，因此家长给孩子贴的标签往往会对孩子的成长有着至关重要的影响。然而可悲的是，很多家长还没有意识到孩子被标签化后的严重后果！给孩子贴标签的这种行为，像对商品定价贴标一样，以一个关键词作为定义，将孩子的性格、行为规范框在一个小方框中，并促使其不断地进行心理暗示以趋同于标签内容。

王女士家的宝贝今年八岁了，刚上三年级。说起孩子的学习成绩，她烦心地说：“我家宝贝英语不行，愁死我了！”两个孩子正玩得起劲儿，她宝贝听到这句话，眼神一暗。

我赶紧使了一个眼神，说：“不会啊，我那天看到他的英语作业写得很不错呢。”然后转移了话题。事后我又提醒她，她犯了一个严重的错误：随意给孩子贴标签。她听后不解地问：“有那么严重吗？我就随口一说。”

当然很严重，三年级是一个特殊的阶段，刚开始接触英语，加上学习任务加重，孩子的成绩出现起伏很正常。作为家长，不应该嘲笑孩子的缺点，给孩子贴上负面标签，这样可能造成孩子一辈子都带着“英语不好”的标签。

在心理学上有一个贴标签效应。**当一个人被贴上词语的标签以后，他就会做自我印象管理，做出向着该标签限定的方向发展的事情，使自己尽可能地符合标签的要求**。这种行为是因为被贴上标签而引起的，故称“标签效应”。

在家庭教育中，给孩子贴标签的现象随处可见。反省一下，你是不是经常有意无意地在人前人后说自己的孩子：“我家孩子不爱吃蔬菜。”那么，孩子会更加厌恶吃蔬菜。

如果你说孩子：“你怎么这么笨！这么简单的题目也做错！”那么孩子会更“笨”，因为他觉得大人都知道自己笨了，不努力也没什么。当孩子哭的时候，你训斥孩子："你个爱哭鬼，动不动就哭！"那么孩子会更加爱哭鼻子。你批评大宝："你这么喜欢欺负妹妹，真是个坏孩子！"听了这样的评语，大宝会变本加厉地欺负妹妹，因为他接受了你给他的"坏孩子"的标签。

但很多时候我们不是故意给孩子贴标签，而是说话时并没有意识到。很多妈妈都像我一样经历过"有口无心"，那如何才能改善呢？

首先，一定要意识到孩子是有自尊的。总有人觉得"孩子还小，什么都不懂"，其实恰恰相反，孩子的心灵既纯洁又敏感，连听不懂的词汇都能从语调中揣摩出含义。

其次，说话前思考10秒。有时孩子做错了事，妈妈脾气上来很容易口不择言。不妨每次给自己10秒冷静的时间，组织一下语言。不要嫌麻烦，要知道对孩子来说，任何评价都不是小事。如果孩子做得不对，我们可以认真讨论、剖析、提出忠告，但不能粗暴指责。

在平时和孩子沟通时，一定要用积极的词汇来引导孩子，避免使用消极、负面的词汇，而是要多用积极的言语和孩子说话。例如，孩子大哭大闹时，说"你再这样我就不喜欢你了！"不如说"妈妈喜欢你自信、快乐的样子，非常可爱，让我看看好不好？"

说"你怎么这么胆小？"不如说"宝贝，再大胆一些！"

说"你不要这样黏人！"不如说"宝贝，你可以更加独立哦！"

说"你也太贪玩了！"不如说"今天的游戏时间结束了，我们该去睡午觉了。”

……

说话的目的都是相同的，但简单的反义词就能起到截然不同的效果。用鼓励的言语和孩子说话，当孩子做到时，还可以给他一个击掌，久而久之，你会发现孩子越来越自信，连眼神中都散发着坚定的光芒。

## 父母的鼓励，可以让孩子积极行动起来

### “孩子，谢谢你”

大部分父母都觉得如果孩子帮忙做了一些事情，都是理所应当的，也不会轻易说“谢谢”。父母觉得自己辛辛苦苦把孩子养这么大，他们就做了这么一点儿事，有时候还是帮倒忙，说谢谢没有必要吧，反而显得客套生疏。那么，对孩子说谢谢究竟有没有必要呢？

周末，我在阳台上晒衣服时，阳台上的门被风刮得关上了。我喊着8岁儿子的名字说：“请帮妈妈开开门，好吗？”

儿子答道：“妈妈，我就来。”很快为我开了门。

我连忙向儿子说了声谢谢。

当时朋友正在我们家做客，笑着说："真没见过你这样当妈的，对自己的孩子也这么客气！"

好友说这话时，她7岁的女儿正坐在旁边仰着小脸望着她。好友的话让我想了很多。其实，不仅仅是我的好友，许多家长都有这样的看法。和别人说话时，讲礼貌是必需的，但大多数家长认为在自己孩子面前讲礼貌是多余的。基于此类思维，许多家长对孩子说话时习惯使用祈使句、命令句，很少顾及孩子的感受、意见，更吝于在孩子面前说"谢谢"。但实际上这些家长的做法，忽略了与孩子的情感沟通，是对孩子人格的不尊重。

我常常告诫自己，**不能因为孩子小就忽略了对他的尊重，更不能因为孩子是自己的亲骨肉就省去了应有的感谢和必要的礼貌**。孩子是在我们潜移默化的影响下长大成人的。试想，如果孩子在平时的生活中感觉不到我们对他的感谢，也看不到我们对别人的感谢，那他又怎么知道感谢别人、感谢父母呢？让我们的孩子学会感恩，又从何谈起呢？

"谢谢"会让孩子感受到自己的重要性。

有一次，一位妈妈正在搬东西，手里拿了很多东西，没想到最上面的一个小盒子没放稳，还是掉了下来，她想让儿子过来帮她捡一下。她一叫儿子，儿子马上就问什么事，没想到儿子很快就跑过来帮忙捡东西，还帮她一起搬东西。

这位妈妈随口说了一句："谢谢大儿子，多亏你帮我一起搬。"孩了笑得特别开心。从这以后，让孩子帮忙做点儿啥，他都表现得积极多了。父母的一句感谢让孩子意识到了自己的重要性。

让孩子感觉自己帮了妈妈的忙，并且得到妈妈的感谢，这本身对他来说，就是一种莫大的鼓励与肯定。在这个过程中，孩子的内心产生了满足感和被尊重的感觉。每个孩子都会潜移默化地向父母期望的方向努力，所以长此以往孩子会越来越愿意帮助他人。

从上面这个案例我们可以看出，孩子在得到妈妈的感谢之后的反应是正面积极的。每个孩子都是独立的个体，不是谁的附属品，他们对于得到的每一份尊重，都会铭记于心。但很多家长也不是不想对孩子说“谢谢”，是真的想不起来，原因就在于平时对孩子的关注度还不够。孩子是在家长的关注中成长起来的，多对孩子说“谢谢”，肯定他的表现，在意他的感受，孩子就能在这种温暖的氛围中积极主动地做更多的事情。

## 你该对孩子经常说的……

1.对孩子表扬、赞赏，强化孩子好的行为:

你的想法真不错。

你的想法很有价值。

你让我学会从不同的角度去看待事物。

你的话充满力量。

你的行动很有效。

你的情绪有很强的感染力。

看到你做这件事，我非常开心、激动。

跟你一起做事真的好有趣。

……

2.让孩子了解自我、获得内在的自信：

你是个很棒的朋友。

你是被爱的。

你总能让我开心。

你值得……

你让一切变得不同。

你是有价值的人。

你很重要。

我为你骄傲。

……

3.激励孩子的潜能，让他们做得更好：

我知道你能做到。

你可以战胜你的情绪。

你可以试着改变你的想法。

你有能力胜任重要的任务。

……

4.让孩子学会感激，懂得付出：

谢谢你帮助我。

感谢你为家里做的贡献。

感恩你出现在我的生命里。

……

5.让孩子学会表达内心的情感，在亲子间建立深厚的情感联结：

你让我的世界变得更美好。

你让我的人生变得不同。

我享受有你的陪伴。

我很庆幸有你在这里。

我喜欢和你聊天。

……

6.保护孩子的自尊，帮助他们构建独立且健全的人格：

相信你的直觉。

你的选择很重要。

你的想法很重要。

你可以坚持自己所做的。

你不必为了获得他人的认可而改变自己。

别人做得不对不是你犯错的借口。

你可以不完美。

我也是一样。

……

最后，有一句话记得要经常说哦：我爱你。

# Chapter 7

## 拥有持续自我管理时间的能力，才能使孩子受益终身

## 物质奖励和精神奖励是使孩子拥有好习惯的催化剂

### 每个家长都曾给过孩子物质奖励

很多父母现在接受的教育思想，就是千万不能给孩子物质奖励，否则孩子长大后就会变成物质欲望的奴隶。在此，首先要弄清奖励的目的。**奖励一方面是对孩子所做事情的肯定，另一方面就是鼓励孩子继续努力。**

肯定孩子所做的，不仅是在肯定孩子已经取得的成绩或是突出的表现，更是对他的态度和品格的肯定。这能激发孩子保持正确的价值观，从而不断突破。其实，对孩子最好的奖励，就是让孩子有亲历成功的体验。

**物质奖励可以让孩子快速行动，精神奖励可以激发孩子内在的驱动力**。而精神奖励与物质奖励的结合，才是快速且长期激励孩子的方式。实际上大部分家长口中说着要摒弃物质奖励，但是在日常生活中始终无法避免。比如，你们有没有给孩子奖励过糖果吃？

物质奖励的确存在一些问题，但却是一种可以激发孩子热情的动力，它可以瞬间开启孩子的行动力。精神鼓励则是一种营养液，可以长久地给孩子输送养分。如果只用物质奖励，就会大大削减孩子内心追求成功的动力。所以我们需要精神奖励的配合，这样就可以在一定程度上抵消掉物质奖励带来的负面影响。

有些父母一般只在节日或孩子的生日时才送孩子礼物，平时不给孩子购买礼物。我认为这种做法很可取，在这种情况下孩子既能养成良好的用钱习惯，又能使孩子更加珍惜他们的所得，不会产生攀比和虚荣心。

而且父母在实行物质奖励的过程中，一定不能以结果导向为重，而是要以过程为重。我见过很多父母是针对孩子的学习进行奖励的，比如，考试成绩提高一名去吃麦当劳，提高五名买名牌运动鞋，进入前二十名到迪士尼玩一圈，进前十名假期到国外旅游等。这种方法是非常不可取的，而且孩子的进步是多方面的。无论是哪方面，只要做好了，家长都可以给予孩子相应的奖励。奖励最主要的目的是帮助孩子树立一个正确的是非观，比如，孩子帮助了同学，或者很努力、很有上进心，这些行为都是值得被奖励的，而这种名副其实的奖励，是包含物质和精神双层面的，传递的信息不同就会产生不一样的结果。

## 物质奖励是一把双刃剑

一位妈妈为了让小学四年级的儿子好好学习，给他制定了一个奖励制度：平时小考如果能考到90分以上，就奖励10块钱；期中和期末考试如果能进前10名，就奖励50块钱；如果能考进班级前5名，就奖励100块钱。

最开始这个奖励对儿子来说十分有吸引力。儿子每天放学回家都认真完成作业、温习功课，几次考试下来发现成绩都还不错。妈妈一看这种效果非常明显，就欣然地兑现了承诺，给了儿子相应的奖励。但时间一长，妈妈发现儿子学习的热情好像不如刚开始那么高涨了。于是妈妈就给儿子加钱，可孩子后来甚至有点儿产生了厌学情绪。

心理学研究表明：人的行为动机分为内部动机和外部动机。当孩子因为学习本身的兴趣，或者学习给他带来的挑战而自发地做某件事时，这种动机就属于内部动机。而当孩子为了某种外在结果做某件事时，就属于外部动机。美国密苏里大学和伊利诺伊大学的一项针对700多名妈妈的新研究发现：**当孩子在做完一件事后，如果每次都用**

物质来奖励他们，会逐渐使孩子变得更加功利。

无一例外，每个父母都希望自己的孩子能对学习或者某种活动发自内心地产生兴趣。可当孩子没有兴趣时，父母想到的不是引导孩子，而是把他们的行为与外在的奖励联系在一起。这种行为虽然实际上并非完全不可取，但是父母一定要掌握好度，最好的方法就是上面说的物质奖励与精神奖励相结合，而物质奖励应该挑选一个恰当的时间，比如，过节。

但父母需要注意的是，如果孩子不需要物质奖励也能很好地完成一件事时，父母一定不要画蛇添足地给孩子物质奖励，这时候给孩子一句鼓励或者给他增加5分钟自由活动的时间是更好的。

记得有一次表姐和她儿子约定好，如果他能坚持5天每天背20个单词，那么等周末的时候就带他去海边游玩。小孩子为了周末能出去玩，每天都认真地背单词，同时还复习之前背诵的单词，怕自己忘了。

结果等到周末的时候，表姐临时有事，没有办法带小孩子出去玩，而且表姐也没把这件事当成一件大事来对待，所以也就没有和孩子认真地道歉和解释，只是说自己临时有工作，去海边玩的事以后再说。

小孩子听后非常失落，周末两天的心情都非常不好，也丧失了学习的热情，之后就再也没有继续背单词了。表姐发现他不背诵单词后，还用这一招，说你继续背单词，妈妈周末只要有时间肯定带你出去玩。可孩子就是无动于衷，不再相信妈妈的话了。

所以当父母决定采用物质奖励时，一定要遵循的原则就是，不要轻易向孩子许诺。一旦承诺了，就要兑现。父母在兑现承诺的同时，也要有节制、理性地满足孩子的要求。如果孩子要在奖励的同时，临时增加额外的奖励，父母一定要明确地拒绝孩子，并且和他讲清楚道理。当无法兑现承诺时，父母要真诚地向孩子道歉，并且说明情况，保证之后弥补。而在选择物质奖励的奖品时，父母也要尽可能地让孩子选择必需品或者对孩子有用的奖品，不要选择奢侈品，防止孩子产生攀比心理。

总之，物质奖励是一把双刃剑，使用得当则能让孩子懂得一分耕耘，一分收获。反之，则会让孩子变得功利，养成很多坏习惯。因此，物质奖励一定要适度。

## 使用番茄工作法，让孩子持续高效学习

### 番茄工作法可以大大提高孩子的成就感

番茄工作法是一种非常简单、易行的时间管理方法，是由弗朗西斯科·西里洛于1992年创立的一种相对于GTD（完成每一件事）更微观的时间管理方法。他在大学生活的头几年，曾一度苦于学习效率低下，于是他暗自打赌，让自己真正专心做一件事情。有一天，他对自己说："我能学一会儿习吗？真正学上10分钟？"于是他找个计时教练——一枚厨房定时器，形状像番茄，所以以后他就把这种工作方法称为"番茄工作法"。

从此，他与时间化敌为友，不会再因为事情的繁杂而充满焦虑。

后来经过多次研究得出，25分钟是专注度最高的学习时间。番茄工作法的诞生，帮助无数人搞定了提高工作效率与时间管理的问题，可以说是现存的、最简单易行的时间管理方法之一，它最大的好处就是能够使人在当下保持最大的专注。

番茄工作法不单单适合成人，孩子使用起来效率也翻倍增加。番茄工作法可以有效地减少孩子在学习或者完成某个任务时的时间焦虑感，将孩子的精力集中在完成事情本身。在番茄时钟里，孩子会心无旁骛，大脑高速运转，同时拥有更加清晰的思路，注意力高度集中。

我们在本书的前半部分曾和各位父母分享过如何给孩子制定时间表、如何执行时间表，但如果在制定时间表的过程中，每一项学习内容和活动项目都连接得特别紧凑，这无形中就给孩子带来了一种压力。而且很多孩子坐在书桌前，时间长了之后，整个人就会变得很难受。这不是孩子的问题，而是他们年纪还小，专注度是有限的。通过设置不被打断的番茄时钟，孩子的专注力和耐力都会得到极大的锻炼。孩子学习累了，或者想开小差时，便会想到反正马上就可以休息了，就会不自觉地鼓励自己再坚持一下，从而有效地提高学习或完成任务的效率。同时，番茄工作法也可以将孩子完成某项复杂的学习或任务的过程分解为一个个简单的番茄时钟，减少孩子对某项复杂待办事项的惧怕心理。

等到休息时间时，一定要让孩子进行休息，短暂的休息有助于精力的恢复。家长可以给孩子准备一些水果或者饮料，这都是很好的劳逸结合的方式。

## 怎么样把番茄时间和孩子的学习连接起来？

首先，我们要给孩子准备一支笔、一张纸、一个计时器。父母可以让孩子根据自己的喜好来挑选计时器，然后在纸上列出今天要做的所有事情，就是我们之前分享过的计划。然后从第一件事开始，设定25分钟的闹钟，开始按部就班地执行计划，闹钟响之后休息3~5分钟。休息时间也最好定时，结束后，我们就开始下一件事。可能有的事情需要两个番茄时间，或者一个半番茄时间，这都没关系。只要时间没到就可以继续进行之后的内容，因为番茄时间注重的是效率和专注度。

当孩子每做完一个番茄时间，就在当前做的事项后面打一个“√”，代表已经完成，也可以让孩子按照个人喜好做出不同的标记。不过在执行的过程中可能会中断，中断分为内部中断和外部中断。内部中断是孩子自己能控制的，比如，要喝水、上厕所，或者突然想到一件事等；而外部中断是不受控的，比如，家里突然发生了什么事情。如果事情确实紧急，就立即处理，然后把这个番茄作废，处理完急事之后再重新开始。如果事情不是很紧急，就把它记在待办事项里“计划外紧急”那一栏，随后处理。

和大家分享一个最初使用番茄时间时，一位家长反馈的案例。这位家长的孩子今年8岁，三年级。主要科目就是数学、语文、英语。以下的问题都是孩子在最初使用番茄时间时，很可能会出现的问题。

第一阶段：准备阶段

问题1：关于番茄钟选择

我刚开始是用手机调整时间，但是发现每次设置时既麻烦又浪费时间。最后经过在网上多次比较，让孩子选择了自己喜欢且能亲自操作的计时器。

问题2：跟孩子提前讨论并且商定规则

关于实行番茄时间，首先家长一定要争取到孩子的同意。如果孩子不同意，家长还硬要使用这种方法，孩子就会十分抗拒，觉得这个计时器是用来约束自己的，并且会觉得这是爸爸妈妈监视自己的另一种方式。

第二阶段：实施阶段

问题1：作业顺序怎么安排？

每天回家孩子会按作业要求，拿出所有作业。最开始我们会引导他按作业的难易进行排列。通常情况下，先写数学，然后中间穿插听、读，最后是语文作业。当然也有例外的时候，如果孩子比较累，我会建议他从简单、不太费脑子的作业开始。

同时在执行番茄时间时，所有作业要按顺序排在桌子左上角，以便随时取。

问题2：当一项作业完成时，时间没到怎么办？

因为作业顺序已经提前排列好，假设数学作业写完，可以继续下一项英语或语文作业。如果今天作业有难度，可以用剩余时间检查并复习。

问题3：如果一项作业没完成，但是时间到了怎么办？

可以把两个番茄合并为一个大番茄，中间可做提醒，但不休息。一方面帮助孩子保持节奏感，另一方面不中断思路，还能让他把握进度。

问题4：在番茄时间过程中，孩子的注意力不集中怎么办？

我观察孩子前两个番茄过后，到第三个番茄时注意力已经不能集中了。孩子和我们成人不一样，专注时间无法过长，所以在高度集中后，必须要有深度放松。因此要根据孩子的特点灵活调整休息时间。这时可以来一次略长的休息时间，建议10~15分钟。

问题5：休息时可以做什么？

休息时的原则是尽量做一些与学习、思考无关的事。起初我家小孩儿喜欢在休息期间听故事、看书，但我发现这种休息方式不能让他达到最好的休息效果。所以后来我们家最常用的休息方式是运动，如果是周末我们会出去打会儿羽毛球。因为当负责运动的脑区被激活后，就会强迫负责学习的脑区休息。这样做不仅锻炼了身体，还拉近了亲子关系。

问题6：难和容易是否交替进行？

经过一段时间的总结、摸索，对于我们家的这个小孩儿，前两个番茄效果最佳，后面执行就要差很多。

所以，解决方案一：

从最难的作业开始，做完两个番茄后，休息10~15分钟，在这段时间内喝水、上厕所、吃水果、游戏……

解决方案二：

做完两个番茄后，依旧休息5分钟。但接下来穿插难度较小的作业，或者孩子愿意做的作业。我们家小孩儿最爱做的就是英语作业，因为这项作业需要在Ipad上完成，而且主要以听、读为主。

问题7：需要家长辅助的作业，用不用番茄灵活调整？

孩子小，经常有很多作业需要家长辅助。例如听写等，因为不好把握时间，所以这项作业我们没用番茄。

问题8：激励措施。

制作一张表格，记录每日番茄完成情况。成功完成一个番茄就会加1分，中断一次就会减1分。每周总结汇总，可以根据分数给予一定的奖励。

**任何好的方法都要经过不断的磨合，来找到最佳的执行措施。**在这个过程中，家长一定不要一边看手机，一边陪着孩子，更不要中途打扰孩子，这也是在考验家长的意志力。如果在这个阶段家长做任何干预和提醒，孩子就会极其地不配合，再优秀的时间方法也会大打折扣。

# 有志向的孩子做事情往往事半功倍

## 志向的重要性

哈佛大学曾经在一群无论是智力还是年龄都相近的优秀青年人中进行了一次以人生志向为主题的大调查，调查结果显示，3%的人树立了理想和目标，后来他们几乎都成了社会的精英和行业的领袖；10%的人只树立了短期的奋斗目标，后来他们成了各个领域的成功人士，事业有成、生活无忧；60%的人志向模糊，后来他们生活在社会的中下层，事业上没有什么大起大落；27%的人不知道志向是什么，后来他们事事不如意，工作不稳定，生活没着落，很爱怨天尤人。

经过这么多年的调查结果，我们可以看到志向对一个人的一生起着非常重要的作用，所以家长一定要鼓励孩子从小树立明确、远大的志向。其实每个孩子都曾经萌生过自己的梦想，孩子的每一个梦想都弥足珍贵。当孩子的梦想没有得到家长的回应时，就会很容易破灭。

“妈妈，我想学艺术……”

“你别想什么就是什么，先看看你自己的成绩吧。”

“妈妈，我想上网查一下资料……”

“我看你就是想玩电脑，上次考试都没考好，现在竟然还想着玩……”

于是，孩子的梦想和学习的动力就这样被扼杀了。

孩子有时候会有多个志向，还可能会有一些家长按照世俗的标准认为很“不好”的志向。其实，志向不分优劣，家庭教育要以志向为激发孩子的动力，并不是给志向打分。

一些家长追求功利，安排孩子学一些利于升学的技能。当孩子进步缓慢时，家长不停地批评与指责，让孩子的自卑感与日俱增。有什么比毁灭孩子的梦想更可怕的呢？打击孩子的梦想，就是毁灭他的幸福。**家庭教育的责任之一，在于让孩子做梦，帮助孩子追梦，但不要太过于在乎是否能圆梦。**

**在一个梦想初成的年纪，关键是有梦想可成。**我们能做的就是保护孩子的梦想，不要嘲笑、打击孩子，一定要对孩子的梦想给予鼓励，让孩子把这些大大小小的梦想变成自己一生决心要努力的志向，这才是一个家长的职责所在。

## 孩子的梦想被鼓励和支持，他们便会对未来充满希望

在美国著名家庭教育专家麦道卫先生的身上曾经发生过这样一件事情：

当他发现10岁的儿子迷上了那些名贵的跑车，并且每天从杂志、报纸和广告上收集跑车的图片时，他知道他的儿子对这些跑车的兴趣非同一般。

他找了一本电话号码黄页，给所有这些跑车的汽车经销商都写了一封信：“我是一个不顾一切的父亲，为了花时间陪儿子，我愿意做任何事。现在他迷上了跑车，我能不能在孩子放学后带他来你们的展示厅，好让我们试一下车？可我必须在此声明：我肯定不会买你们的车。”

那些经销商给了他肯定的答复，他驱车240公里带着儿子花了一天的时间试驾那些豪车。一天结束，回家的路上，他对儿子说：“这些车都很棒，但价值不菲。”趁此机会，麦道卫先生给孩子上了一堂关于享乐主义和价值观的课。孩子的人生观和价值观从此发生了改变。

孩子的梦想也许很荒唐，跟现实有很大的差距，作为家长，我们可以做的就是接纳孩子自己的梦想。当我们接纳和认同孩子的梦想的时候，孩子才愿意接受我们的教导，我们才有机会把我们的价值观告诉他。

一个男孩子因为小时候看了很多小动物的动画片和《动物世界》的影片，就对小动物非常感兴趣，从小立志长大后一定要做昆虫学家。小学的时候，他开始对蜘蛛特别好奇，就和爸爸妈妈说想要在家里饲养蜘蛛。

一般父母肯定会拒绝孩子的这个要求，因为蜘蛛本来就长得很吓人，如果从养殖的器具里面爬出来，得有多吓人？但他的爸爸妈妈经过商讨后，决定要支持儿子的想法，允许他在网上购置养蜘蛛的器具和各种种类的蜘蛛，但前提是保证不影响自己的学习。

于是孩子和他的爸爸妈妈达成了协议，从此当其他孩子忙着上各种课外班的时候，他花了大量的时间在国外的网站上查找资料，观察蜘蛛的生活习性。在这个过程中，他的英文水平得到了极大的提升。没想到的是，到小学毕业的时候，他记录了大量的一手资料，甚至到了可以出书的程度。

上初中后，他觉得对蜘蛛养殖和蜘蛛的了解已经做得差不多了，就又开始喜欢上了蚂蚁，决定把蜘蛛转让给其他喜欢的小朋友，自己改养蚂蚁。关于这一点，爸爸妈妈认真地和他谈了几次，毕竟中学的功课比起小学没有那么轻松了，他也同样保证了，做这些一定不影响学习。于是在男孩子把饲养环境搭建在家里的一角后，爸爸和他一起到山里找到蚂蚁窝，连窝带蚂蚁一起搬回家。这样帮蚂蚁“搬家”的事情，他们做了好多次。初中三年，虽然他花了不少时间在蚂蚁身上，却从来也没有放松学校的学业。

当他在家做这一切的时候，爸爸妈妈虽然看似没有帮太多的忙，但他们不仅在精神上给予肯定，而且在孩子需要购买资料等方面给予支持。如今已经上高中的男孩子的志向并未改变，他打算出国去攻读他喜欢的昆虫学。国外的高校很在乎实践，这个男孩子将来申请大学的时候，有这些实践经验一定会受到国外大学的青睐。

当孩子有梦想的时候，家长如何支持孩子？当孩子的梦想和课内学习有冲突的时候，家长如何帮助孩子做到平衡？我想，男孩子的爸爸妈妈的做法值得大家思考和学习。

当孩子有梦想的时候，如果条件允许的情况下就尽量在当下帮助孩子去实现。孩子当下小小梦想的实现，可以让他对实现自己的远大梦想充满信心。此外，你也会发现，其实帮助孩子实现梦想并没有那么难。

家长经常和孩子讨论梦想的话题，其实也是很好的亲子沟通，可以通过这种方式了解孩子的想法。

有一个四岁的小男孩儿，当爸爸和他讨论梦想的时候，他表示自己的梦想是当一名消防员。爸爸发现原来儿子不仅喜欢点燃和熄灭火苗的感觉，还喜欢消防车鲜艳的颜色和车上威武的消防员。

于是爸爸和家庭里的其他成员给他提供点燃和熄灭火苗的机会，并带着他去了消防博物馆，面对面和消防员聊天，并观看了消防员演示各种消防器材的使用和灭火方法。小朋友亲自体验了这些以后，非常满足。

对于4岁的孩子来说，也许他还会改变自己的梦想，但这位爸爸的做法让孩子很好地体验了一把梦想实现的感觉。

有人说，没有梦想的孩子很难找到努力奋斗的意义和方向。说到底，人与人之间的差别不仅仅在于努力，更在于梦想的建立。所以家长一定要引导孩子，平时多和孩子聊关于梦想的话题，让它逐渐成为孩子的志向，在孩子的心中生根发芽，直到长成参天大树。

## 和孩子一起做长期计划，把时间管理变成习惯

### 不要错过孩子养成习惯的最佳时期

著名教育家叶圣陶先生曾说：“什么是教育？简单一句话，就是养成良好的习惯。”哲学家培根说：“习惯真是一种顽强而巨大的力量，它可以主宰人生。”习惯是日积月累的细节，孩子的习惯是好是坏，并不是与生俱来的，也并非一朝一夕所能养成。教育专家认为，孩子培养习惯的最佳时期是幼儿园和小学阶段。

大部分父母想必都知道一个行为学结论：21天重复一件事或者一个动作，就会形成一个人的习惯。可实际上21天的重复只会让我们的大脑皮层产生一个粗浅的印象，也就是有意识的习惯。比如，孩子最开始没有每天早上起床要洗脸的习惯，都是被爸爸妈妈喊着去洗脸。如果恰好有一天爸爸妈妈忘记叫孩子洗脸了，孩子就一定会自己主动去洗脸了吗？这个答案是不一定的，重点在于孩子有没有意识到每天洗脸的重要性。

还有一种习惯叫无意识习惯，比如，我们出门前会下意识地换衣服，去了厕所会下意识地上厕所或者洗脸刷牙……行为科学研究得出结论：**一个人一天的行为中大约只有5%是属于非习惯性的，而剩下的95%的行为都是习惯性的。只有当我们把一切的想法、做法都归结为一种习惯时，才会对人的成功产生持续的力量。**

所以要想让孩子把时间管理变成自己的习惯，父母首先要给孩子制订三个阶段的计划。在前面的章节，我们提到过帮孩子建立学习观以及学习的重要性、时间和我们每个人的关系等问题。当孩子通过父母的引导，意识到时间的重要性，已经有了基本的学习观后，父母再结合番茄时间管理，和孩子一起制订一个分为三个阶段养成的计划。

第一个阶段：1~7天左右。首先根据前面章节的方法，和孩子一起做一个短期的计划，时间在一周左右。把这一周的各项活动，包括早晚作息，早晨起床后的诸多事项，以及放学回来后的学习安排、自由时间安排、碎片时间，做一个细致、系统、有弹性的计划。

这个阶段非常关键，孩子一定会感觉受到了约束，十分不舒服，或者发现时间计划有问题等。父母可以依照我们之前提到的孩子可能会出现的问题，及时提出解决方案，一一进行对照、分析、引导、解决。最重要的是，要给孩子一个良好的体验，有问题就要及时沟通、调整，父母一定要严格遵守计划。

第二个阶段：7~21天左右。步入到第二个阶段后，父母在和孩子做中期计划之前，一定要先跟孩子一起对上一个阶段的短期计划做一个小总结。总结的主要目的在于通过这个短期的计划，让孩子意识到自己发生的改变，以及取得的进步，给予孩子适当的鼓励和奖励，让孩子内心产生成就感和继续努力下去的动力。次要目的在于一起沟通计划中的缺陷，在做下一个计划前，有一个良好的调整，以便以更好的状态来实施中期计划。

在这个阶段，孩子的感觉已经没那么不舒服了，也稍微自然了许多，但是一不留神，就会恢复到从前。所以这个阶段的计划是很重要的，中期计划不像短期计划，因为时间延长，里面可能会发生很多变数。在做计划时，父母一定要和孩子一起查看各个科目的学习进度，积极利用碎片时间，严格遵照番茄时间管理，做一个有弹性的计划，让孩子在执行计划的过程中游刃有余，逐渐产生一种不这样做，就会有点儿不舒服的感觉。

第三个阶段：21~90天左右。这一阶段被称为“习惯的稳定期”。同样父母要在这个阶段开始前，和孩子一起总结之前计划的收获，在引导和肯定孩子的同时，主要做聆听者，让孩子分析自己的收获与进步。在做计划时，父母可以放手让孩子自己独立完成。

像这种长期计划，可以让孩子分为几个短期计划和几个中期计划来执行，引导孩子将目光放长远，及时做阶段性的总结。当家长引导孩子树立了梦想之后，在这个阶段就可以启发孩子独立思考，到底要怎样做才能实现自己的梦想，与此同时要付出什么样的努力。

从宏观角度看，孩子对自己的人生有计划，并且按部就班地执行计划，最终才能获得自己想要的人生。从微观角度来看，计划可以使孩子的各种事情安排得比较合理，避免冲突，劳逸结合，相对张弛有度。所以家长一定要把握住孩子养成习惯的最佳时间，让孩子拥有快乐的人生。